mai 1911

COLLECTION ALEXIS ROUART

Troisième Vente

Gardes de sabre japonaises, sabres, inros, etc.

COLLECTION

M. ALEXIS ROUART

CATALOGUE

DES

GARDES DE SABRE

SABRES. KOZUKAS.

FERS DE FLÈCHE. INROS

Composant la Collection de feu M. Alexis ROUART

ET DONT LA VENTE, PAR SUITE DE SON DÉCÈS

AURA LIEU A PARIS

HOTEL DROUOT, SALLE N° 10

Les Vendredi 5 et Samedi 6 Mai 1911

A DEUX HEURES

COMMISSAIRE-PRISEUR

Me Henri BAUDOIN, Successeur de M. Paul CHEVALLIER

10, rue Grange-Batelière, 10

EXPERTS

Madame F. LANGWEIL | **MM. MANNHEIM**

26, place Saint-Georges | 7, rue Saint-Georges

EXPOSITION PUBLIQUE

Le Jeudi 4 Mai 1911, de 1 h. 1/2 à 5 h. 1/2

PARIS, 1911

CONDITIONS DE LA VENTE

Elle sera faite au comptant.

Les adjudicataires paieront 10 pour 100 en sus des enchères.

N. B. — La collection sera exposée chez **Mme Langweil,** *26, place Saint-Georges, du 24 avril au 2 mai.*

ORDRE DES VACATIONS

Vendredi	. . . .	5 mai	Nᵒˢ 1 à 144 ᵇⁱˢ.
Samedi	. . . . .	6 —	— 145 à 269.

N. B. — Le présent catalogue a été rédigé par M. le marquis de Tressan.

PRÉFACE

C'est avec une double tristesse que je viens préfacer ce catalogue : tristesse d'avoir vu disparaître prématurément l'homme si parfaitement bon, doué d'un goût si délicat, qu'était M. Rouart ; tristesse d'assister à la dispersion de l'excellent ensemble qu'il avait su réunir. Une seule consolation me reste, celle de glorifier une dernière fois la collection qui demain ne sera plus et dont les parcelles essaimées iront contribuer à l'édification de nouveaux temples élevés en l'honneur de l'art japonais.

Il semble tout d'abord nécessaire de donner quelques éclaircissements au sujet de la classification ici adoptée. Établir des divisions par époques très rigoureuses est souvent fort difficile et cela pour plusieurs raisons :

Les ouvrages japonais anciens ne donnent que fort peu de renseignements sur les forgerons de gardes de style « *armurier* », réservant tous les détails aux *ciseleurs* proprement dits.

Les pièces les plus anciennes ne portent ni inscriptions, ni signatures.

Il n'y a pas eu éclosion spontanée de telle ou telle technique. C'est souvent par des modifications insensibles que les types se sont transformés suivant les besoins de l'époque.

Enfin, certaines familles ont longtemps conservé le même style, leurs membres copiant les modèles anciens sans toujours réussir aussi parfaitement que leurs prédécesseurs.

Ces remarques font comprendre que certains essais de classification aient échoué. Lorsque j'ai commencé à étudier la question, je me suis moi-même trouvé en présence de deux affirmations contradictoires. D'après *T. Hayashi*, qui fit tant pour la propagation en France de l'art japonais, les gardes en fer remonteraient au xe siècle ; on pourrait les classer très nettement par époques antérieure à Kamakura, de Kamakura, des Hôjo, des Ashikaga .

Suivant un certain nombre de critiques anglais ou allemands pour la plupart les gardes en fer ne seraient apparues qu'au xve siècle, et les divisions admises par Hayashi n'auraient aucun fondement.

Pour éclaircir la question, je ne pouvais tabler que sur des renseignements se rapportant à trois ordres d'idées :

1° Soit *historiques*, provenant de quelques passages des auteurs japonais anciens ;

2° Soit *esthétiques*, basés sur la comparaison du style des objets étudiés avec celui des productions bien datées d'autres branches de l'art ;

3° Soit enfin *techniques* : qualité des métaux employés aux différentes époques, patines, procédés particuliers, etc. .

En m'appuyant sur cet ensemble j'ai pu, dans une étude détaillée (1), formuler quelques conclusions :

1° Il exista des gardes primitives en fer forgé pleines ou n'offrant que de faibles ajourages dès le xii° siècle. Celles-ci furent également usitées au xiii°. Les auteurs japonais disent formellement que Miôchin Munesuke Ier, qui vécut en Izumo, puis à Kyôto et enfin à *Kamakura*, durant la deuxième moitié du xii° siècle, exécuta des gardes en fer, qui sont de beaux exemples de *Mokume-ji*, dont la surface imitait les veines du bois et qu'il marquait de l'inscription : « Shintogotetsu ren » (2). Les maîtres Miôchin qui lui succédèrent, est-il ajouté, *ne firent usage que du fer* dans leurs tsubas et continuèrent à appliquer le procédé Mokume-ji. Mais ces gardes, *uniquement destinées à des armes de combat*, étant très sobrement ornées, les Japonais ne les ont pas considérées comme œuvres de ciseleurs, mais bien d'*armuriers* ou de *forgerons*. De là le peu d'indications fournies sur celles-ci dans les ouvrages japonais, rien dans ces derniers ne semblant autoriser la classification *détaillée* de T. Hayashi.

2° Quant aux gardes du type dit *Sukashibori*, ornées d'ajourages importants, il semble bien établi qu'elles ne furent usitées qu'à partir du xv° siècle. De là le passage du *Hompô Tokenko* (3) souvent cité (4) où Sakakibara Kôsan affirme que : « les gardes en fer repercé ne sont pas apparues avant le temps du Shogun Yoshinori (1402-1441) ». C'est vers cette époque que *Mitsutsune*, surnommé Jokwan Inshi, fonda, à Yamaguchi en Suwô, la famille de maîtres en tsubas Nakai. On sait qu'il vivait vers le nengô Meitoku (1390-1393) et que ses descendants s'illustrèrent par la suite à Hagi en Nagato. Egalement vers 1400, *Shigeyoshi I*, 18° représentant de la famille de forgerons Umetada, travaillait à Kyôto et fut renommé pour ses gardes en fer, ainsi que *Shôami Takatsune*.

3° Enfin, c'est à l'époque de *Gôto Yujô* (1434-1512) que fut véritablement créée la ciselure en relief *takabori*. Ses procédés, appli-

<hr>

(1) *Bulletin de la Société franco-japonaise de Paris*, mars 1910.
(2) « Fer cinq fois forgé sur la voie sacrée. »
(3) Ouvrage paru en 1795.
(4) En particulier par M. S. Hara, auteur de l'excellent dictionnaire « Die Meister der Japanischen Schwertzieraten. »

qués d'abord au bronze et aux métaux précieux plus malléables, furent ensuite transportés sur le fer.

Dans l'état actuel des connaissances, il paraît sage de s'en tenir à ces grandes divisions, sans en adopter de plus détaillées.

Quoi qu'il en soit d'ailleurs, les gardes en fer, *dites primitives*, se recommandent à notre admiration par la beauté robuste et simple de leur ensemble, par la qualité du fer et de la patine. L'art qui a présidé à leur exécution est *parfaitement logique*, en ce sens qu'elles reflètent bien à nos yeux les époques guerrières qui les virent naître. C'est le triomphe de la *synthese*, alors que plus tard prédominera souvent l'*analyse*, aux dépens du style et du caractère.

La collection de M. Rouart renferme de très beaux exemplaires de ces gardes : nous signalerons en particulier à l'attention des amateurs, les numéros 1, 2, 3, 4. 5 et 5 *bis*.

Avec le xvi° siècle, nous arrivons à l'apogée de l'art du fer japonais illustrée par les œuvres splendides de *Nobuiye I* 1486-1564 , si bien représentées ici n°s 29 à 32 . Le métal, grâce à sa parfaite homogénéité et à une grande densité, sonne désormais comme une cloche. Les recettes de patines, précieusement transmises de génération en génération et améliorées toujours, permettent d'obtenir des tons admirables. Jusqu'au milieu du xvii° siècle, la surface du métal n'est jamais lisse, mais offre des dépressions plus ou moins profondes. La garde a ainsi un aspect quelque peu archaïque, exprimant bien la rudesse que possédaient encore les mœurs militaires.

Bientôt, deux faits capitaux vinrent influer sur la ciselure japonaise. Le premier de ces deux événements fut le débarquement des Portugais au Japon, en 1542 : ceux-ci apportèrent l'exemple de leurs armes brillamment ornées et l'usage des armes à feu.

D'autre part, les relations artistiques et religieuses, longtemps interrompues par ordre des shoguns, avaient été renouées entre le Japon et la Chine dès la fin du xiv° siècle, d'où la renaissance de la peinture du Nippon, inspirée par les écoles Sung-Yüan de l'Empire du Milieu. Mais c'est surtout au xvi° siècle que l s *échanges commerciaux* reprirent de l'importance. Les artisans japonais purent alors s'inspirer des objets chinois en bronze et en fer. De là, la création d'un grand nombre de techniques nouvelles. On admirera dans la collection Rouart d'admirables travaux *Namban* qu'on pourrait, sans exagération, qualifier de dentelle de fer n°s 43 et 44 en particulier et les incrustations de *Fushimi* n°s 52 à 64 , dont les procédés furent, par la suite, importés dans les provinces de *Higo* n°s 72 à 76 et de *Kaga*.

Enfin, il convient d'insister sur l'influence bientôt exercée par la peinture sur l'art du ciseleur. Le style mystique et paysagiste des écoles d'inspiration chinoise des xv° et xvi° siècles ciselures exécutées par les *Kaneiye* : la splendeur des maîtres Tosa œuvres de la famille *Gôto* ; le réalisme et le pittoresque de l'Ukiyoye (xviii° siècle ; le naturalisme des artistes de Kyôto, disciples d'Okyo et de Ganku (fin du xviii° et première moitié du xix° siècles) ont, tour à tour — ou parallèlement — inspiré les artisans dans le choix de leurs sujets.

Le xvii° siècle n'est en quelque sorte que la *suite* et le *développement* du xvi°. La garde en fer y occupe toujours le premier rang. Si son aspect devient moins rude, si sa surface reçoit souvent désormais un beau poli, la conception de son décor penche encore vers la synthèse et l'exécution vers une simplicité pleine de distinction. Avec les *Akasaka de Yedo* n°s 109 à 127 et les *Kasuga du Higo* n°s 96 à 103, le genre *Kizukashi*, consistant en très fins ajourages sur fond uni, devient parfait ; avec les *Kinai* de la province d'Echizen n°s 131 à 144 *bis*, la ciselure sur fer fait d'immenses progrès ; par les maîtres du *Higo*, du *Kaga* et de *Kyôto*, l'incrustation voit sa technique très sérieusement perfectionnée.

Mais, à la fin du xvii° siècle, la célèbre ère de Genroku (1688-1703) ouvre pour la ciselure japonaise une ère nouvelle. Par suite de la continuité de la paix, les mœurs se sont adoucies et policées, *tout au moins en surface*. La classe bourgeoise, celle des négociants enrichis des grandes villes, voit son influence croître chaque jour. De l'aspiration à la jouissance naît l'amour du joli, du délicat, du raffiné. Les daimyos tiennent à se signaler par la splendeur de leur costume, par l'admirable ciselure de leurs armes. Alors que certains soldats, demeurés plus austères, continuent à demander aux armuriers *Miôchin* ou *Saotome* la fourniture de leurs garnitures de sabre, la plupart des grands seigneurs s'adressent aux maîtres des écoles nouvelles : à Sômin I (1669-1733), créateur du *Yefu bori* ou « ciselure picturale », qui s'efforce d'imiter les pleins et les déliés du pinceau en donnant plus ou moins de profondeur et de largeur au trait gravé dont il fait surtout emploi ; ou aux membres de la famille Nara, dont les plus célèbres furent *Toshinaga II* mort en 1771, *Jôi* (1700-1761) et *Yasuchika I* (1670-1774), qui s'appliquèrent à tirer du relief toutes les ressources possibles ; ou enfin aux émailleurs Hirata, qui vinrent encore enrichir la palette déjà si variée mise à la disposition du ciseleur japonais. Désormais, en effet, ce dernier abandonne souvent le fer, jugé trop sévère, pour utiliser le *shakudo*, jusque-là presque exclusivement employé par la dynastie des *Gôto*, le *sentoku*, le *shibuichi*, le bronze rouge, l'argent, l'or.

Des techniques nouvelles se créeront sans cesse au cours du xviii° siècle ; certaines charmantes comme celle du *sumi-zogan*, consistant en incrustations à plat de shakudo noir sur fond de shibuichi ou d'argent ; d'autres moins heureuses, parce que trop clinquantes. Les Omori, Murakami Jochiku (vers 1739-1770), Iwamoto Konkwan

---

(1) N°s 166 et 167 de la collection.

1744-1801) (1), l'émule du peintre Mori Sosen dans son amour pour la gent simiesque, se signalent à Yedo, la ville shogunale, tandis qu'Okamoto Naoshige (mort en 1780) et Ichinomiya Nagatsune (mort en 1786) travaillent à Kyôto, la capitale impériale, et que *Kôami* et son disciple *Michinaga* (mort en 1768) créent les ateliers de Mito.

Après ces grands artisans, la ciselure japonaise est proche de la décadence. Elle ne vise plus guère qu'aux triomphes de l'*orfèvrerie*, tombant souvent dans la recherche excessive du trop léché, du clinquant. Les détails absorbent parfois toute l'attention de l'artiste aux dépens du caractère et de la beauté de l'ensemble. L'art de cette époque est en résumé *un art d'analyse*, tandis que les maîtres en tsubas des époques primitives et du xvi° siècle recherchaient surtout la synthèse : cet esprit nouveau occasionne un certain manque de vigueur dans l'exécution.

Néanmoins, il serait injuste de lancer l'anathème sur toutes les œuvres du xix° siècle. Certaines sont délicieuses. Il nous suffira de signaler celles des membres de la famille *Otzuki* n° 185 de la collection : de *Mitsuoki* vers 1800 et du grand *Natsuo* 1828-1898, le dernier des ciseleurs de gardes japonais.

Dans son ensemble, la collection Rouart nous offre un microscome de cette histoire de la *tsuba* que nous venons de résumer rapidement. Notre ami si regretté était éminemment éclectique dans son choix, néanmoins il n'a pu — et à juste titre — se défendre d'une certaine prédilection pour les gardes en fer si simplement et si puissamment évocatrices du moyen âge japonais. Il faut dire que ses connaissances approfondies de métallurgiste le servaient précieusement et le mettaient à même d'apprécier toutes les beautés de la technique des armuriers et des forgerons du sabre. Il put ainsi goûter un des premiers cette joie si douce au collectionneur de la trouvaille rare, satisfaction qui, hélas ! semble devenir chaque jour moins fréquente.

Marquis de Tressan.

---

(1) N° 186 de la collection.

GARDES DE SABRE

I. — Gardes de type primitif

3 40

1. Garde en fer repercée de trois sapins stylisés 1.

   Type dit antérieur à l'époque de Kamakura.

2. Garde en fer repercée d'un motif ornemental en forme de croix.

   Type dit antérieur à l'époque de Kamakura.

1 00

3. Garde en fer repercée d'une libellule et modelée en léger relief d'une vue de temple de Nara.

   Type dit de l'époque de Kamakura.

7 5

4. Garde en fer repercée de deux pagodes et décorée en léger relief de motifs floraux.

   Type dit de l'époque de Kamakura.

2 00

5. Garde en fer décorée en léger relief de motifs floraux et repercée d'un ovale et d'une fleur stylisée.

   Type dit de l'époque de Kamakura.

5 *bis*. Garde en fer quadrilobée et munie de deux appendices circulaires, décorée en léger relief de motifs floraux et d'un paysage de temple.

   Type dit de l'époque de Kamakura.

---

1. On cite ici à titre documentaire la classification donnée par T. Hayashi.

6. Garde en fer décorée en léger relief de motifs floraux, d'un
sapin et d'un pont et repercée de deux champignons.

Reprise postérieure du style des gardes précédentes.

7. Garde en fer décorée en léger relief de rochers et de motifs
floraux et repercée de deux *daikon* (radis cultivé du
Japon).

Reprise postérieure du style des gardes précédentes.

8. Garde en fer décorée en léger relief de rochers, de motifs
floraux et repercée d'une pagode.

Reprise postérieure du style des gardes précédentes.

9. Garde en fer décorée en léger relief d'un sapin et d'un
cerisier.

Reprise postérieure du style des gardes précédentes.

10. Garde décorée en léger relief de vagues, feuillages et
fleurs stylisés, avec adjonction de *nunome-zogan* d'or
et reperçage d'une fleur.

Reprise postérieure du style des gardes précédentes.

11. Garde en fer repercée et ciselée d'une aubergine et d'un
poisson.

Type dit de l'époque des Hôjô.

12. Garde en fer repercée de motifs floraux et décorée en léger
relief de fleurs de chrysanthème, d'un *daikon*, de feuillages, etc.

12 *bis*. Garde en fer assez épaisse, repercée du Fujiyama en
éruption.

Type dit de l'époque des Deux Trônes.

12 *ter*. Garde en fer assez épaisse, repercée de motifs d'armoiries.

Type dit de l'époque des Deux Trônes.

II. — Ajourages du XVIᵉ siècle.

13. Garde en fer à surface pointillée, ajourée d'une multitude de motifs floraux.

> Ateliers de Kanayama en Yamashiro. Deuxième moitié du XVIᵉ siècle.

14. Garde de même type que la précédente, mais un peu postérieure.

15. Garde en fer repercée d'un iris, d'un plant de sagittaire et d'oiseaux stylisés.

> Type de décor de la deuxième moitié du XVIᵉ siècle.

15 *bis*. Garde en fer ajourée d'un plant d'iris.

> Type de décor de la deuxième moitié du XVIᵉ siècle.

16. Garde en fer ajourée d'une branche stylisée.

> Type de décor de la deuxième moitié du XVIᵉ siècle.

17. Garde en fer ajourée d'un chrysanthème et d'une branche de cerisier fleurie.

> Type de décor de la deuxième moitié du XVIᵉ siècle.

18. Garde en fer ajourée de barreaux coupés de fleurs de chrysanthème.

> XVIᵉ siècle.

19. Garde en fer ajourée de barreaux coupés de fleurs de paulownia.

> Fin du XVIᵉ siècle.

20. Garde en fer ajouré : l'armoirie du chrysanthème formée avec des aiguilles de pin.

> XVIᵉ siècle.

21. Garde en fer ajourée d'oiseaux stylisés et d'armoiries.
    Fin du xviᵉ siècle.

22. Garde en fer ajourée de deux étriers dans le feuillage.
    Fin du xviᵉ siècle.

23. Garde en fer ajourée d'un très fin motif de chrysanthème
    parsemé de minuscules oiseaux stylisés.
    xviᵉ siècle.

24. Garde en fer ajourée d'un motif de chrysanthème stylisé et
    de deux fleurs de paulownia.
    xviᵉ siècle.

25. Garde ajourée d'un motif de chrysanthème stylisé.
    xviᵉ siècle.

26. Garde de type analogue au précédent.
    xviᵉ siècle.

27. Garde en fer quadrilobée, ajourée d'un motif de chrysan-
    thème.
    xviᵉ siècle.

28. Garde en fer ajourée de deux chrysanthèmes et d'un motif
    de nuages.
    xviᵉ siècle.

28 *bis*. Garde ajourée d'un mille-pattes.
    xviᵉ siècle.

III. — **Ateliers des Miôchin**.

29. Garde en fer repoussé et ciselé en forme de valve de
    coquillage à double bourrelet.
    Signée : *Nobuiye* (1486-1564).

30. Garde en fer repoussé et ciselé en forme de valve de coquillage à simple bourrelet. Légères incrustations d'or figurant des feuillages.

Même signature.

31. Garde en fer repoussé et ciselé en forme de tentacule de poulpe.

Œuvre de Nobuiye.

32. Garde décorée du même motif, portant l'inscription : « Ju roku shin » (seize supériorités).

Œuvre de Nobuiye.

32 *bis.* Garde en fer ajourée de l'armoirie du paulownia (probablement plaque de montant de bride transformée en garde).

Atelier des Miôchin. XVIIe siècle.

33. Garde en fer ajourée et ciselée : divers coquillages.

Atelier des Miôchin. XVIIe siècle.

33 *bis.* Garde en fer en forme de coquille d'épée, décorée d'un dragon dans les flots (travail repoussé et ciselé).

Atelier des Miôchin. XVIIe siècle.

34. Garde en fer ajourée d'un motif de rinceaux.

Signée : Miôchin Muneaki (1770-1835).

35. Garde en fer ciselé en forme de chrysanthème, surdécorée de deux feuilles, l'une en relief, l'autre ajourée.

Signée : Saotome Iyetomo. XVIIIe siècle.

IV. — **Ecole des Kaneiye**.

36. Garde en fer ciselée d'un paysage dans lequel se meuvent de minuscules personnages. Légères incrustations d'or.

Signée : *Kaneiye*, habitant Fushimi en Yamashiro. Fin du xvi⁵ siècle.

V. — **Types dénotant des influences étrangères.**

Genre Namban.

37. Garde en fer ajourée d'un motif de dragons dans des rinceaux, largement traité.

xvi⁵ siècle.

38. Garde en fer ajourée de deux dragons dans des rinceaux.

xvi⁵ siècle.

39. Garde en fer ajourée de deux dragons dans des rinceaux.

Fin du xvi⁵ siècle.

40. Garde en fer ajourée de deux oiseaux de Hô dans des rinceaux.

xvi⁵ siècle.

41. Garde en fer ajourée et partiellement décorée en *nunome zogan* d'or : deux dragons dans des rinceaux.

Fin du xvi⁵ siècle.

42. Garde en fer ajourée de dragons et de poissons dans des rinceaux et d'un édifice battu par les vagues.

xvi⁵ siècle.

43. Garde en fer ajourée d'un très fin motif de rinceaux.

Type généralement attribué au xv⁵ siècle.

44. Garde en fer de même travail, en forme de perle mystique.

Type généralement attribué au xv⁵ siècle.

45. Garde en fer ajourée de rinceaux dans lesquels se meuvent trois personnages chinois.

xvi⁵ siècle.

46. Garde en fer, très épaisse, ajourée de motifs héraldiques dans des rinceaux, tranche décorée en *nunome-zogan* d'or.

Fin du xvi⁵ siècle.

47. Garde en fer ajourée de deux dragons et de rinceaux. Léger décor de *nunome-zogan* d'or.

xvii⁵ siècle.

48. Garde en fer ajourée de *deux dragons mobiles* dans des rinceaux.

xvii⁵ siècle.

48 *bis*. Garde en fer en forme de coquille d'épée européenne, ajourée de deux dragons dans des rinceaux.

xviii⁵ siècle.

Genre Kagonami

49. Garde épaisse en fer, décorée d'araignées tissant leur toile.

xvi⁵ siècle.

50. Garde en fer ajourée de deux tigres dans les nuages. Léger décor de *nunome-zogan* d'or.

Fin du xvi⁵ siècle.

51. Garde décorée de singes dans le feuillage. Tranche décorée en *nunome-zogan* d'or.

xviie siècle.

VI. — Ecoles d'incrustation.

FUSHIMI-ZOGAN.

52. Garde en fer ajourée d'oiseaux stylisés et incrustée en léger relief de bronze jaune de feuillages stylisés.

xvie siècle.

53. Garde en fer : ajourage en forme d'*aoi* inscrit dans un cercle.

xvie siècle.

54. Garde en fer dont les ajourages, figurant les pétales d'une fleur de chrysanthème, sont remplis de plomb. Décor de feuillages stylisés sur le pourtour.

xvie siècle.

55. Garde en fer décorée en incrustation de bronze jaune en relief : oiseaux de Hô et fleur de paulownia.

Fin du xvie siècle.

56. Garde en fer de forme carrée, décorée dans sa moitié inférieure d'un treillage ajouré et incrustée à plat en bronze jaune de feuillages stylisés.

Fin du xvie siècle.

57. Garde en fer repercée d'un motif de nuages et décorée en incrustation à plat de bronze jaune de feuillages et d'insectes.

Première moitié du xviie siècle.

100 58. Garde en fer à rebord saillant, décorée en incrustation à
plat de bronze jaune et rouge d'un personnage dans
les nuages.

Commencement du xvie siècle.

375 59. Garde en fer incrustée en relief de personnages chinois
pêchant.

Commencement du xviie siècle.

130 60. Garde en fer incrustée en relief de bronze jaune d'écureuils
dans le feuillage.

xviie siècle.

120 61. Garde en fer décorée en incrustation en relief de bronze
jaune d'écureuils dans le feuillage. En bordure, guir-
lande de feuilles incrustée à plat de même métal.

xviie siècle.

265 62. Garde en fer à six lobes, décorée en relief de bronze jaune :
sur une face d'oiseaux et d'insectes, sur l'autre d'ani-
maux fabuleux.

xviie siècle.

85 63. Garde en fer repercée de motifs d'armoiries et incrustée de
bronze jaune.

xviie siècle.

45 64. Garde en fer décorée en relief et en incrustation de bronze
jaune d'un paysage et de personnages.

Commencement du xviie siècle.

STYLE HEIANJO

520 65. Garde en fer incrustée à plat en bronze jaune d'un lièvre
courant sur les flots (symbole du clair de lune sur la
mer), de nuages et de motifs d'armoiries.

Fin du xvie siècle.

Genre Tembô.

66. Garde en fer ajourée d'une conque et dont les dépressions sont remplies de coulures de différents bronzes.

Fin du xvie siècle.

67. Garde en fer repercée d'un motif d'armoiries et décorée de coulures de différents bronzes.

Fin du xvie siècle.

Gommoku Zogan.

68. Garde en fer repercée d'un couteau et de deux bâtons entrecroisés, décorée en incrustation de bronze jaune de motifs d'armoiries et d'une compacte agglomération de paillettes du même métal.

Fin du xvie siècle.

Genre Mukade.

69. Garde en fer ajourée d'un motif de feuillage stylisé et entourée d'une bordure ornée d'un tressé de fils de cuivre et de fer figurant le monstre légendaire mukade.

Commencement du xviie siècle.

69 *bis*. Garde en fer décorée d'un très fin natté de fils de cuivre.

Pièce splendide. Fin du xvie siècle.

Mélange des genres Gommoku et Mukade.

70. Garde en fer ajourée et ornée d'une incrustation de fines paillettes de bronze jaune et de cuivre (*gommoku*) et d'un tressé *mukade*.

Fin du xvie siècle.

71. Garde en fer dont la surface offre des saillies et des dépressions, ornée de *gommoku* et de parties de *mukade*.

Commencement du XVIIᵉ siècle.

Higo Zogan [1].

72. Garde en fer ornée en incrustation en relief de bronze jaune
d'un aigle très puissamment exécuté.

Signée : *Yatsushiro Jingo* a fait. » Œuvre de Shimizu Kazuyuki
(mort en 1675), premier maître Jingo, habitant Yatsushiro
en Higo.

73. Garde en fer ornée en relief de bronze jaune d'une divinité
aux écharpes flottantes d'un grand caractère.

Style des premiers maîtres Jingo. XVIIᵉ siècle.

74. Garde en fer ornée en relief de bronze jaune de bateaux
voguant sur des flots stylisés.

Style des premiers maîtres Jingo. XVIIᵉ siècle.

75. Garde en fer incrustée en relief de bronze jaune d'une tête
de mort et d'ossements sous un saule pleureur.

Style de Shimizu Nagahisa, 1620-1710. Deuxième maître Jingo.

76. Garde en fer ajourée et décorée en relief de bronze jaune
d'une langouste stylisée.

Style des maîtres Jingo. XVIIᵉ siècle.

VI. — **Famille Umetada.**

77. Garde en fer intaillée d'un losange et d'un motif de libellules. Tranche ornée d'un motif d'armoiries hexagonales.

____

[1] Les ateliers d'incrustation de la province de Higo furent créés par des
artisans venus de Fushimi sur la demande des daimyos de la famille Hosokawa.

Signature *Umetada*, à la fleur de prunier dorée, et paraphe
d'Umetada Nagakazu (vers 1850) (1).

78. Garde en fer intaillée d'un motif de libellules et portant la
même signature que la précédente. (Œuvre d'un très
beau métal et d'un travail parfait.

Même époque.

79. Garde en fer intaillée d'un motif de feuillages.

Même signature et même époque.

80. Garde en fer intaillée d'un motif de papillons.

Même signature, même époque.

81. Garde en fer très épaisse, ajourée et ciselée d'un motif
d'écureuils dans une vigne.

XVIII° siècle.

VII. — Ateliers des Shôami.

82. Garde en fer décorée en relief de shakudo et de fils de
cuivre d'un très beau mukade.

Fin du XVII° siècle.

83. Garde en fer représentant un bœuf entravé.

Signée : *Shôami Moritsumi,* habitant la province de Yoshû (Iyô).
XVII° siècle.

---

(1) Ce paraphe tranche la question longtemps controversée de l'attribution
des gardes d'un fort beau style, signées d'une fleur de prunier (*mume*) suivie
du caractère *tada*. On les a souvent attribuées à Umetada Jusai qui vivait à la
fin du XVI° siècle. La couleur de la patine et le style général étaient pourtant
visiblement très postérieurs. L'exécution de ces gardes est *admirable*.

VIII. — Ateliers du Gokinai.

120

84. Garde en fer ajourée d'un motif de deux hérons au bord
d'un cours d'eau.

xviie siècle.

80

85. Garde en fer ajourée d'un motif de cigognes.

Première moitié du xviiie siècle.

710

86. Garde en fer ajourée d'un oiseau de Hô d'un très grand
style.

xviie siècle.

65

87. Garde en fer ajourée et ciselée d'un motif de deux oiseaux
de Hô. Légères incrustations d'or.

Fin du xviie siècle.

660

88. Garde en fer ajourée, ciselée et incrustée d'or : décor d'un
fort bel oiseau de Hô.

Époque de Genroku : 1688-1703.

125

89. Garde en fer ajourée d'un motif de trois échassiers volant.

xviiie siècle.

IX. — Province de Setsu.

90. Garde en fer ajourée et ciselée d'un papillon.

xviie siècle.

91. Garde en fer analogue à la précédente, mais d'un travail
plus poussé.

xviiie siècle.

92. Garde en fer ajourée et ciselée d'un motif de papillons butinant dans les fleurs.

Époque de Genroku : 1688-1703.

X. — Ateliers de Kyôto.

93. Garde en fer ajourée et ciselée d'un motif de deux crabes. Pourtour orné d'un fin damasquinage d'or.

Époque de Genroku : 1688-1703.

94. Garde en fer ajourée et ciselée d'un motif de phénix volant au-dessus d'un arbre. Pourtour orné d'un très fin damasquinage d'or.

Belle œuvre de l'époque de Genroku.

95. Garde en fer ajourée et ciselée d'un motif d'iris. Rehauts de *nunome zogan* d'or.

XVIIIe siècle.

XI. — Ateliers de ciselure du Higo.

96. Garde en fer ciselé et ajouré d'une grue héraldique d'un grand caractère.

Style de Matashichi, premier maître Kasuga. 1613-1699.

97. Garde en fer ciselé et ajouré d'un aigle héraldique.

Commencement du XVIIe siècle.

98. Garde en fer ajourée d'un paon aux ailes éployées. Traces de *nunome zogan* d'or. Genre *Kizukashi*.

Commencement du XVIIe siècle.

99. Garde en fer ajourée d'une grue héraldique. Genre *Kizu-kashi*.

> Première moitié du XVIIe siècle.

100. Garde en fer ajourée d'une grue héraldique. Genre *Kizu-kashi*.

> Style de Matashichi, premier maître Kasuga. 1613-1699.

100 *bis*. Garde en fer ajourée d'un motif d'armoiries et d'oi-seaux stylisés.

> XVIIe siècle.

101. Garde en fer ajourée sur le pourtour d'un motif d'ar-moiries.

> Style de Shigemitsu, deuxième maître Kasuga. 1667-1744.

102. Garde en fer ajourée sur le pourtour de motifs d'armoiries aux trois *tomoye*.

> Style de Shigemitsu, deuxième maître Kasuga. 1667-1744.

103. Garde en fer ajourée d'un motif de feuillage.

> Style des maîtres Nishigaki, fin du XVIIe siècle.

XII. — Genre Kizukashi [1].

ATELIERS DE KYÔTO.

104. Garde en fer à cinq lobes, ajourée très finement d'une conque et d'une tige de chrysanthème.

> XVIIe siècle.

---

[1] Le genre *Kizukashi*, consistant en très fins ajourages sur un fond uni, fut fort à la mode à la fin des XVIe et XVIIe siècles. Les ateliers du Higo, de Kyôto, de Yedo, d'Odawara en Sagami, s'y adonnèrent tout particulièrement.

105. Garde en fer à dix lobes, ajourée très finement de fleurs de cerisier.

xviie siècle.

106. Garde en fer ajourée d'une conque et d'un semis de chrysanthèmes.

xviie siècle.

107. Garde en fer ajourée d'un paulownia héraldique.

xviie siècle.

108. Garde décorée du même motif.

xviie siècle.

ATELIERS DES AKASAKA DE YEDO.

109. Garde en fer ajourée en forme de chrysanthème. Pièce d'une extrême élégance.

Première moitié du xviie siècle.

110. Garde en fer ajourée d'un motif de chrysanthème, d'oiseaux stylisés et d'une feuille.

Commencement du xviie siècle.

111. Garde en fer ajourée d'un motif de chrysanthèmes et de vagues stylisées.

Commencement du xviie siècle.

112. Garde en fer ajourée d'un motif de feuillages et de chrysanthèmes.

Commencement du xviie siècle.

113. Garde en fer ajourée de deux éventails et de fleurs de chrysanthème.

Commencement du xviie siècle.

114. Garde en fer ajourée de quatre motifs d'armoiries au bambou.

Commencement du xviie siècle.

115. Garde en fer ajourée en forme de chrysanthème, avec adjonction d'armoiries au paulownia.

xviie siècle.

116. Garde en fer ajourée d'un motif de quatre armoiries au paulownia.

xviie siècle.

117. Garde en fer ajourée d'un motif de feuillage.

Fin du xviie siècle.

118. Garde en fer ajourée d'un très fin motif de roue hydraulique.

Commencement du xviie siècle.

119. Garde en fer ajourée de deux glycines.

xviie siècle.

120. Même motif.

Commencement du xviiie siècle.

121. Garde en fer : glycines et armoiries au paulownia.

Commencement du xviiie siècle.

122. Garde en fer ajourée d'un motif de fagots et de fleurs de cerisier.

xviie siècle.

123. Garde en fer ajourée d'un motif d'armoiries au paulownia au-dessus d'un treillage.

xviie siècle.

124. Garde en fer ajourée d'un motif de kiosque sous le feuillage.

xviiie siècle.

125. Garde en fer ajourée d'un pont et de deux édifices.

xviiie siècle.

126. Garde en forme de losange, ajourée de feuillages. Dans un cartouche, l'inscription : « Ji u tei ». « le pavillon de l'averse ».

Commencement du xviiie siècle.

127. Garde en fer ajourée d'une poésie, écrite en caractères Sosho.

xviiie siècle.

128. Garde en fer ajourée d'une fleur de cerisier et de motifs d'armoiries.

xviie siècle.

ATELIERS DE LA PROVINCE D'ECHIZEN.

129. Garde en fer ajourée d'un motif circulaire, de nombreuses armoiries au paulownia. Sur le pourtour, légères traces de *nunome zogan* d'or (1).

Très belle pièce portant la signature : Fait par *Kinai*, habitant la province d'Echizen. Œuvre de Kinai II, mort en 1696.

130. Garde ajourée du même décor.

Deuxième moitié du xviiie siècle.

XIII. — **Atelier des Kinai.**

131. Garde en fer ajourée d'un motif de deux coqs. Légères incrustations de *nunome zogan* d'or.

Dans le style de *Kinai I*, mort en 1680.

---

(1) Cette garde est classée ici parce que son décor n'est pas dans le style appartenant en propre aux Kinai.

132. Garde en fer de forme irrégulière, ajourée de deux crevettes. Légères incrustations de bronze jaune et rouge.

Dans le style de *Kinai I*, mort en 1680.

133. Garde en fer ajourée de tiges de chrysanthème près d'un
cours d'eau sinueux.

Signée : Fait par *Kinai*, habitant la province d'Echizen. Style de
Kinai II, mort en 1696.

134. Garde en fer ajourée d'un motif de deux coquillages.

Signée : *Kinai*, habitant la province d'Echizen. XVIIe siècle

135. Garde en fer ornée du même motif.

Même signature. Commencement du XVIIIe siècle.

136. Garde décorée d'un motif de coquillage.

Même signature. XVIIIe siècle.

137. Garde en fer ajourée d'un motif de deux coquillages.

Même signature. Fin du XVIIe siècle.

138. Garde en fer ajourée d'un décor de deux crevettes.

Même signature.
Dans le style de Kinai II, mort en 1696.

139. Garde en fer décorée d'un ravissant entrelacement de
feuilles de mauve.

Dans le style de Kinai II, mort en 1696.

140. Garde en fer ajourée d'une boîte de masques et de son
contenu.

Signée : Fait par *Kinai*, habitant la province d'Echizen. Commencement du XVIIIe siècle.

141. Garde en fer de plus petite dimension, ornée du même
décor et formant paire avec la précédente.

Même signature. Commencement du XVIIIe siècle.

142. Garde en fer ajourée d'un oiseau de Hô volant, d'un grand style. Incrustations de nunome zogan d'argent.

> Signée : Fait par *Kinai*, habitant la province d'Echizen. Dans le style de Kinai II, mort en 1696.

143. Garde en fer ornée d'un motif de feuillages.

> Signée : Fait par *Kinai*, habitant la province d'Echizen. xvIIe s.

144. Garde en fer ajourée d'un motif de trois coquillages et d'un singe tenant un cordage.

> Dans le style des Kinai. xviIIe siècle.

144 *bis*. Garde en bronze ajourée et ciselée d'un motif de deux valves de coquillage.

> Ecole des Kinai. xviIIe siècle.

XIV. — Genre Marubori et ses dérivés.

145. Garde en fer ajourée d'un motif de deux bœufs couchés.

> Fin du xvIIe siècle.

146. Motif analogue.

> Fin du xvIIe siècle.

147. Garde en fer ajourée d'un motif de bœuf couché dans une étable.

> Fin du xvIIe siècle.

ATELIERS D'HIKONE EN OMI

148. Garde en fer ajourée d'un homme d'armes arrêté sous l'ombre d'un arbre et d'une tortue fuyant vers la mer.

> Milieu du xvIIe siècle. Style de Sôten I.

149. Garde en fer ajourée d'un dragon. Incrustations d'or.

Signée : Ciselé par *Sôheishi Sôten*, habitant Hikone dans la province d'Omi. Œuvre de Sôten II. Fin du XVIIe siècle.

150. Garde en fer ajourée de la légende du Sennin Tekkai. Incrustations d'or et d'argent.

Signée : Ciselé par *Sôheishi Niudô Sôten*, habitant Hikone en Omi. Fin du XVIIe siècle.

151. Garde en fer ajourée de la légende des sept sages dans la forêt de bambous. Incrustations d'or et de cuivre.

Signée : Ciselé par *Sôheishi Sôten Niudô*. Fin du XVIIe siècle.

152. Garde en fer ajourée de la légende de la fuite de Gentoku. Incrustations d'or et de cuivre.

Signée : Ciselé par *Sôheishi Niudô Sôten*, habitant Hikone en Omi.

152 *bis*. Garde en fer incrustée d'or, ajourée d'ustensiles à puiser l'eau.

Fin du XVIIe siècle.

153. Garde en fer ajourée de la légende de Nitta no Shiro tenant le sanglier près du Fuziyama. Incrustations d'or.

Style des Sôten. Fin du XVIIe siècle.

154. Garde en fer ciselée d'un motif de vagues. Incrustation de points d'or et d'argent.

Signée : *Sôheiski Hiratsuka Kiyomori*, habitant Hikone en Omi. XVIIIe siècle.

XV. — Ateliers de Hagi dans la province de Nagato.

155. Garde en fer ajourée et ciselée d'un motif d'écheveaux.

XVIIe siècle.

156. Garde en fer ajourée et ciselée d'un plumeau et d'aiguilles de pin.

XVIIIe siècle.

157. Garde en fer ajourée et ciselée : la légende des sept sages dans la forêt de bambous.

> Signée : Fait par *Nakai Zensuke Tomotsune*, habitant Hagi en Nagato. (Œuvre de *Tomotsune II*. Vers 1700.

158. Garde en fer ajourée et ciselée : deux tigres dans une forêt de bambous. Détails en *nunome-zogan* d'or.

> Même signature. Vers 1700.

159. Garde en fer ajourée d'un motif d'hirondelles volant sous la pluie.

> Signée : *Saki Tomonobu* de Choshû (Nagato. (Œuvre de Kawasaki *Tomonobu*. Première moitié du xviiie siècle.

160. Garde en fer ciselée d'un motif de paysage.

> Signée : Fait par *Tsunemitsu*, habitant Hagi en Nagato. Fin du xviiie siècle.

161. Garde en fer ciselée d'un motif de cavalier chinois passant sur un pont.

> Première moitié du xixe siècle.

XVI. — Ateliers de la province de Bushû (Musashi.

162. Garde en fer en forme de tête de mort.

> Signée : *Masayoshi*, habitant Kofu (Yedo. Première moitié du xviiie siècle.

XVII. — Ateliers de la province de Satsuma.

163. Garde en fer ajourée et ciselée d'une cascade dans une forêt de bambous.

> Signée : *Shinobara Masatoshi*, habitant Satsuma. Première moitié du xixe siècle.

XVIII. — **Ateliers de la province de Mino**.

164. Garde en fer ajourée d'un très fin motif d'herbes et de
fleurs. Incrustations d'or.

Style de *Mitsusato*. Première moitié du XVIIIe siècle.

XIX. — **Ecole Nara-Hamano**.

165. Garde en fer ajourée d'un motif de feuillage et de fruits de
gourde. Incrustations de shakudo et nunome-zogan d'or.

Style de *Toshinaga II* (Nara). Mort en 1771.

166. Garde en shakudo incrustée en relief de bronze rouge,
d'argent et d'or de personnages dans un bateau.

Signée : *Issando Jöï* (Nara). 1701-1761.

167. Garde en fer de forme hexagonale, dont le pourtour est formé
par les ailes repliées de trois libellules. Incrustations
d'or.

Signée : *Yasuchika*. 1670-1744.

168. Garde en bronze rouge, figurant la coupe d'un tronc d'arbre
rongé par les vers et incrustée en relief de feuillages en
shakudo.

Ecole de Yasuchika. XVIIIe siècle.

169. Garde en fer incrustée d'or, de bronze rouge et de shakudo et ciselée en relief d'un motif de singes dans un
arbre.

Signée : *Koromogawa Mitsuchika*. Ecole de Yasuchika
XVIIIe siècle.

170. Garde en fer ciselée en léger relief et incrustée d'or, d'argent et de shakudo : vautour perché sur un arbre au
bord d'un cours d'eau.

Signée : Exécuté par *Yasumitsu*, habitant Suifu, d'après la peinture du Hôgen Bunchô. École de Yasuchika. Deuxième moitié du xviiie siècle.

171. **Garde en sentoku incrustée en relief d'argent et d'or d'un très beau dragon.**

Signée : *Otsurinken Miboku*, surnom porté par plusieurs membres de la famille Hamano. xviiie siècle.

172. **Garde en fer ajourée d'un motif d'armoiries et incrustée en relief de bronze jaune et rouge d'une cigale près d'une touffe de plantain.**

Signée : *Otsurinken Miboku*. xviiie siècle.

XX. — Les émailleurs Hirata.

173. **Garde en sentoku ajourée, ciselée et décorée en émaux verts d'un motif d'écureuils dans une vigne.**

xviiie siècle.

174. **Garde en bronze rouge, incrustée à plat d'émaux verts, blancs et rouges : motif de radis.**

Fin du xviiie siècle.

175. **Garde en shakudo, ajourée, ciselée, décorée d'émaux translucides, et incrustée d'or et de bronze rouge : motif d'insectes posés sur des feuilles.**

Signée : *Dônin* (Hirata).
Cet artiste, fondateur de la famille Hirata, mourut en 1646.

176. **Garde en fer incrustée en bronze jaune et décorée d'émaux translucides : oiseaux de Hô, chauve-souris, papillons**

Garde du xviie siècle, dans le style de Fushimi, surdécorée par un Hirata.

177. Garde en fer incrustée en relief de shakudo, de bronze
rouge et d'or et décorée d'émaux translucides : coq et
poule cherchant des insectes.

Signée : Tomoyasu. xviii siècle.

178. Garde en bronze rouge, incrustée à plat d'argent et de
shakudo et décorée d'émaux translucides : oiseau
volant vers une tige fleurie.

Travail des Hirata. xviii siècle.

179. Garde en shakudo, décorée en émaux translucides : papillons et fleurs.

Travail des Hirata. xviii siècle.

180. Garde en shakudo incrustée d'or de deux nuances et décorée de motifs d'armoiries en émaux translucides.

Travail des Hirata. xviii siècle.

XXI. — Incrustations de la province d'Awa.

181. Garde en fer de forme *aoï* (quatre feuilles de mauve accolées),
incrustée à plat d'or de plusieurs nuances : dragon
dans le feuillage et motifs d'armoiries.

*Très belle pièce de l'époque de Genroku (1688-1703), dont elle
représente bien la somptuosité.*

182. Garde en fer quadrilobée, incrustée à plat d'or de deux
nuances : flots et nuages stylisés.

Travail de Kyôto dans le style de la province d'Awa. xviii siècle.

183. Garde en fer incrustée à plat d'or : motif de sapins stylisés.

Travail de Kyôto dans le style de la province d'Awa. xviii siècle.

XXII. — **Ateliers de Kyôto**.

Fin du XVIIIe et XIXe siècles.

184. Garde en fer en forme de serpent enroulé. Travail dans le style d'*Okamoto Naoshige*, mort en 1780.

185. Garde en sentoku gravée au burin d'un motif d'herbes courbées par le vent. Insecte incrusté en or et croissant lunaire d'argent.

Style d'*Ozuki Mitsuoki*. Vers 1800.

185 *bis*. Grande garde en fer décorée en fort relief avec incrustations de shibuichi et d'or : le Sennin *gama* et son crapaud.

Signée : *Kongôsai Gwasan* et paraphe de l'artiste. Première moitié du xixe siècle.

XXIII. — **Ateliers de Yedo**.

Fin du XVIIIe et XIXe siècles.

186. Garde en shibuichi incrustée en relief d'argent, de shakudo, de bronze rouge et d'or : motif de corbeaux et de cormorans perchés ou volant au-dessus d'une nasse.

Signée : *Iwamoto Konkwan*, avec le paraphe de l'artiste. 1744-1801.

XXIV. — **Ateliers de Mito en Hitachi**.

187. Garde en fer ciselée en relief et incrustée de shakudo et d'or : dragon dans les flots.

Signée : Exécuté par **Michinaga**, habitant Mito. Très célèbre élève de Kôami, mort en 1768.

188. Garde en fer ajourée et ciselée en relief d'une légende chinoise : le dragon apparaissant au-dessus du char de l'empereur abandonné des siens et le protégeant contre l'attaque d'un guerrier ennemi.

Signée : *Sekijoken Saito Mototomo*, élève de Motozane I. Commencement du XIXe siècle.

189. Garde en fer ajourée et ciselée en relief : dragon et perle mystique.

Signée : Exécuté par *Michinaga*, habitant Mito. XVIIIe siècle.

190. Garde en fer ajourée et ciselée en fort relief : dragon tenant la perle mystique.

Signée : *Hitotsuyanagi Tomoyoshi* et paraphe de l'artiste. Fin du XVIIIe siècle.

190 *bis*. Garde en fer ajourée et ciselée d'un motif de quatre dragons.

Commencement du XIXe siècle.

XXV. — Ateliers divers.

191. Garde en fer ajourée et ciselée, avec légères incrustations d'or : motif de pivoines.

Signée : *Gôto Shunjô*, artiste de Kyôto de la deuxième moitié du XVIIIe siècle.

192. Garde ajourée et ciselée d'un poisson accroché à une branche.

Signée : *Tsunemasa* et paraphe de l'artiste. XVIIIe siècle.

193. Garde en fer quadrilobée, ajourée et ciselée d'un motif de singes aux longs bras.

XVIIIe siècle.

194. **Garde en fer ajourée et ciselée de deux libellules.**

xviiie siècle.

195. **Garde en fer ajourée d'anneaux entrelacés formant son pourtour.**

xviie siècle.

196. **Garde en fer ajourée d'une libellule.**

xviie siècle.

197. **Garde en fer rappelant le style dit de l'époque de Kamakura.**

xviie siècle.

198. **Garde en fer ajourée d'une fleur de cerisier et d'un nuage stylisé.**

xviie siècle.

199. **Garde en fer ajourée et ciselée de deux rats.**

Dans un style rappelant celui des Kinai. xviiie siècle.

200. **Garde en fer quadrilobée, incrustée à plat de bronze jaune et d'argent : motifs chinois.**

Style dit de Canton. xviiie siècle.

201. **Garde en fer en forme de *torii* sur lequel grimpent trois singes, dont la tête est incrustée en bronze rouge.**

xviiie siècle.

202. **Un lot de cinq gardes en fer, de types divers.**

203. **Un lot de cinq gardes en fer.**

204. **Un lot de six gardes en fer.**

KOZUKAS

205 Kozuka en shibuichi décoré en relief d'un bateau s'éloi-
gnant d'un pont. Au revers. Japonaise très délicate-
ment gravée au burin.

Signé sur la tranche : Exécuté par *Noriyuki*, d'après un dessin
de *Yasuchika*. XVIIIe siècle.

206. Kozuka en shibuichi ciselé en léger relief et incrusté d'or
de deux nuances et d'argent : deux personnages lisant
un rouleau.

Signée : *Issandô Jôi* et cachet en or *Nagaharu*. 1701-1764

207. Kozuka en shibuichi décoré en léger relief, avec incrustations d'or et de bronze rouge, d'un personnage chinois
à cheval.

Signée : *Inegawa Nagakatsu*. Fin du XVIIIe siècle.

208. Kozuka en shibuichi décoré en léger relief d'une courti-
sane. Incrustations d'or et d'argent.

Signé : *Sôrosai Toshimasa*, artiste de la famille Yegawa, qui
travaillait à Mito vers 1800.

209. Kozuka en shibuichi décoré en léger relief, avec incrustations de shakudo, d'or et de bronze rouge, d'un personnage portant sous son bras un coq. Au revers : combat
de coqs.

Signé : *Mototomo* et paraphe de l'artiste. (Œuvre de Saito Mototomo de Mito. Commencement du XIXe siècle.

210. Kozuka en fer incrusté en relief d'argent de deux poissons
pris à la ligne.

XVIIIe siècle.

211. Kozuka en fer décoré d'un hareng et de deux coquillages incrustés en or, argent et bronze rouge. Revers en shakudo et shibuichi portant l'inscription : « Fait à l'âge de quatre-vingts ans par Noriyuki. »

   (Œuvre d'Hamano Noriyuki. xviii° siècle.

212. Kozuka en shibuichi décoré en léger relief d'un archer et d'un tigre. Incrustations d'or de deux nuances.

   Signé : *Kato Yasunori* et paraphe de l'artiste. Fin du xviii° siècle.

213. Kozuka en bronze rouge enchâssé dans du shakudo, avec incrustations d'or et d'argent : un fouet.

   Signé : *Morimaza Atsutaka*, première moitié du xix° siècle, suivi du paraphe de l'artiste. Ecole des Gôto.

214. Kozuka en bronze rouge en forme de poisson séché.

   Signé : *Masayuki* (Hamano. 1696-1769).

215. Kozuka en shibuichi, en forme de poisson séché.

   Signé : *Suketsugu*. Fin du xviii° siècle.

216. Kozuka en sentoku décoré en relief et incrustations de shakudo et d'or, avec adjonction d'émaux translucides : gousse de haricot et insecte.

   Ecole des *Hirata*. xviii° siècle.

217. Kozuka en shakudo incrusté en relief d'or et d'argent d'un store roulé : revers incrusté à plat en or.

   Ecole des *Gôto*. Commencement du xix° siècle.

218. Kozuka en shibuichi incrusté en relief de shakudo et de bronze rouge d'un lézard.

   Première moitié du xix° siècle.

219. Kozuka en shakudo décoré de deux fleurs en émaux translucides. Sur son talon, inscription en chiffres romains.

   Ecole des *Hirata*, fin du xviii° siècle.

220. Kozuka en shakudo décoré en relief, avec adjonction d'incrustations d'or de plusieurs nuances, d'un danseur du nouvel an.

> Première moitié du xix° siècle.

221. Kozuka en shibuichi incrusté en relief de deux femmes s'adonnant aux soins du ménage.

> Légères incrustations d'or de deux nuances. Au revers, longue poésie. Première moitié du xix° siècle.

222. Kozuka en shibuichi décoré en léger relief d'un ascète. Au revers, paraphe.

> Fin du xviii° siècle.

223. Kozuka en shibuichi décoré en léger relief d'un *Hôtei* à l'enfant.

> Légères incrustations d'or de deux nuances. Au revers, cachet en or et signature : *Bunsan.*

224. Kozuka en bronze doré décoré d'un bouquet et de flots en burgau.

> xix° siècle.

SABRES ET POIGNARDS

225. Sabre de cérémonie, don d'un Shogun Tokugawa. Fourreau en bois brun verni portant plusieurs fois répétées les armoiries des Tokugawa. — Fort belle lame signée : *Rai Kunisada*, due à un forgeron de la célèbre famille *Rai*, de la province de Yamashiro, qui vivait au xiii° siècle. — Garde en fer ajourée d'un motif de prunier en fleurs et signée : « *Kawaji*, de Hagi en

Nagato ». Monture du xviiie siècle. — Fort beaux
menuki d'or représentant des serpents (1).

226. Sabre de cérémonie. Fourreau laqué orné des armoiries
impériales. Garnitures en fer très finement incrusté
d'or de plusieurs nuances : motifs d'oiseaux de Hô, de
papillons et d'écureuils dans les vignes (travail de la
province de Kaga du xviiie siècle). — Lame signée :
« *Tsuguhiro*, habitant Obama en Jakushu » (forgeron
du xive siècle). — Garde en fer finement damasquinée
d'or de plusieurs nuances : chrysanthèmes et rinceaux.
— Deux menuki en bronze doré représentant des tigres
et un troisième un dragon. Fuchi Kashira décoré dans
le style des ornements du fourreau.

Pièce d'une grande richesse.

227. Petit sabre. Fourreau laqué brun. Garnitures en fer
incrusté d'or de plusieurs nuances dans le style de la
province de Kaga (xviiie siècle). Lame signée : *Kaneuji*
xve siècle.

228. Petit sabre. Fourreau laqué noir. Garnitures dans le genre
tembô (xviiie siècle). — Kozuka à manche en fer décoré
d'une mouche et d'une poésie en relief de cuivre doré.
— Lame signée : *Seki Kaneshige* (xve siècle).

229. Poignard. Fourreau en bois laqué, imitant l'écorce d'un
arbre et décoré en laque d'or de fleurs de cerisier. —
Garnitures en argent décorées en relief et incrustations d'or de plusieurs nuances : libellules volant au-
dessus des fleurs.

Signé : *Narihisa*. xviiie siècle.

230. Sabre à fourreau laqué noir décoré en relief de deux
oiseaux. Montures en argent. Kozuka signé *Toshi-*

---

(1) On sait que la *lame*, partie la plus importante du sabre aux yeux des
anciens connaisseurs, était un *objet héréditaire*. On la remontait suivant la
mode de l'époque. Ce fait explique les différences d'époque des lames et des
garnitures.

naga (Nara, commencement du xviiie siècle), décoré d'un poisson incrusté en shakudo. — *Lame fort belle* gravée d'une prière bouddhique portant la signature : « Exécuté la sixième année de genwa (1620), par *Umetada Miôju*, habitant Nishijin (à Kyôto), dans la province de Yamashiro », suivie du paraphe de l'artiste.

231. Poignard à fourreau et manche en bois imitant l'écorce d'un arbre parsemée de fourmis, dans le style de *Gambun*.

xviiie siècle.

232. Poignard de dame. Lame signé *Hisashige* (xviie siècle). Fourreau décoré de très jolies garnitures d'argent (xviiie siècle).

233. Poignard à fourreau de laque noir. — Garnitures en *or massif* incrustées d'argent et de bronze rouge : feuillages et fleurs, signées par *Atsuoki* de Kyôto (commencement du xixe siècle). — Lame signée *Masasada* (forgeron du xviie siècle). — Lame du kozuka signée : *Suishinshi Masahide*.

234. Poignard de femme. Fourreau et manche en bois imitant une tige de bambou. Garnitures d'argent ciselées en relief et incrustées d'or : bambous et chrysanthèmes (xviiie siècle). Lame signée *Masakiyo* (forgeron du xvie siècle).

FERS DE FLÈCHE

235. Grand fer de flèche ajouré d'une poésie : « La dynastie de l'empereur remonte à des milliers d'années ».

Signé : *Sukemune*. xviie siècle.

236. Grand fer de flèche ajouré d'une poésie.

Signé : *Sukemune*. xviie siècle.

MONTANTS DE BRIDE

237. Un montant en fer ajouré d'un motif d'armoirie.

xviiie siècle.

238. Un mors complet en fer ajouré de l'armoirie du paulownia.

INROS

239. Grand inrô à cinq cases en laque noir poudré d'or, décoré en relief des dieux du tonnerre et du vent.

xviiie siècle.

240. Inrô à cinq cases laqué à fond noir, décor en or, et fines incrustations de burgau : personnages dans un bateau.

Commencement du xviiie siècle.

241. Inrô à cinq cases laqué à fond noir, décoré en relief de laque
d'or de plusieurs nuances, rouge et d'argent : chimères
dans les nuages.

XVIIIe siècle.

242. Inrô à sept cases laqué à fond noir, décoré d'un dragon en
relief de laque d'or de plusieurs nuances, avec fines
incrustations de burgau.

XVIIIe siècle.

243. Inrô à cinq cases décoré en laque d'or et d'argent de plusieurs nuances de la légende de la femme-démon
Hania et du passeur.

XVIIIe siècle.

244. Inrô à cinq cases à fond de laque d'or, décoré en relief de
laque noir et d'argent d'un dragon dans les nuages.

XVIIIe siècle.

245. Inrô à cinq cases à fond de laque poudré d'or, décoré en
léger relief de laque noir de plants de chrysanthèmes.

XVIIIe siècle.

246. Inrô en laque noir décoré en relief de laque d'or de plusieurs nuances d'un paysan portant une pousse de
bambou. Légende du jeune homme nourrissant ses
parents âgés et infirmes.

XVIIIe siècle

247. Inrô en laque noir décoré en relief de laque d'or, de corail
et de faïence verte, de feuillages et de fruits.

Signé : *Yoyusai.*
Hara Yoyusai, appelé aussi Kôsan (1804-1840), travailla longtemps à Yedo où il acquit un grand renom.

248. Inrô à cinq cases en laque noir, décoré en laque d'or, d'argent et de diverses couleurs de deux femmes assises
sur un banc au clair de lune. Au revers, personnages
aperçus derrière les *shôji* d'une maison.

Signé : *Kwanshôsai.*
Izuka Toyo, qui porta le surnom de Kwanshosai, travailla dans
la province d'Awa vers 1760-1780 et n'exécuta que des inrôs.

249. Inrô en laque noir, décoré en laque rouge et d'or d'un
buste de Dharma.

Commencement du xixᵉ siècle.

250. Inrô à cinq cases en laque poudré d'or, décoré en relief
de laque d'or de plusieurs nuances et d'argent d'une
branche d'arbre. Sur l'autre face, corbeaux noirs se
silhouettant sur une lune d'argent.

Signature : *Kajikawa*. Fin du xviiiᵉ siècle.

251. Petite boîte décorée en laque d'or de plusieurs nuances
d'une cigale.

xviiiᵉ siècle.

252. Petite boîte en laque d'or, décorée d'un renard très délica-
tement exécuté.

xviiiᵉ siècle.

253. Inrô à deux cases en forme de tortue.

xviiiᵉ siècle.

254. Inrô à six cases en laque noir, décoré en laque d'or de
plusieurs nuances d'un montreur de marionnettes.

Signé : *Jokusai.*
Cet artiste, de la famille Yamada, travaillait à Yedo au commencement du xixᵉ siècle.

255. Inrô à cinq cases en laque rouge poudré d'or, décoré en
relief d'or de plusieurs nuances et d'argent de libellules.

xixᵉ siècle.

256. Inrô à cinq cases en laque rouge, décoré en relief de laque
noir et d'or d'un jeune garçon poursuivant un taureau
qui s'est échappé.

Première moitié du xixᵉ siècle.

257. Inrô à cinq cases en laque noir, décoré en laque d'or de bambous et d'un rocher.

> Signé : *Hôkyô Kômin.*
> *Nakayama Kômin* (1840-1871) était élève de Yoyusai et travailla à Yedo.

258. Inrô à cinq cases : sur un fond de laque d'argent se silhouettent des corbeaux noirs, l'un perché sur un tronc d'arbre, les autres volant.

> Signé : *Jokasai.* Commencement du XIX° siècle.

259. Inrô à cinq cases : renards noirs se silhouettant sur un fond de laque d'argent. Muni d'un netsuke décoré d'une tête de Fukurokuju.

> Signé : *Kwanshôsai* et paraphe de l'artiste. Vers 1760-1780.

260 Petit inrô en laque rouge, décoré en relief de laque noir et d'or d'un sanglier dans le feuillage.

> Commencement du XIX° siècle.

261. Inrô à quatre cases en laque noir, décoré en laque d'or de plusieurs nuances d'une réunion de personnages discutant avec animation.

> Commencement du XIX° siècle.

262. Inrô à cinq cases, décoré en relief de laque d'or et de plusieurs nuances d'une réunion d'enfants.

> Commencement du XIX° siècle.

263. Inrô à fond de laque noir, décoré en laque d'or d'un chevreuil sortant d'une masse de rochers.

> Fin du XVIII° siècle.

264. Inrô à quatre cases, décoré en relief de faïence d'un masque de Hania.

> Cachet : *Rissai.* Muni d'un netsuke portant le cachet *Kwan* de Ritsuô, mort en 1747.

265. Inrô à deux cases, décoré en relief de faïence d'un personnage chinois et d'une touffe de pivoines dans les rochers.

Fin du xviiie siècle.

266. Inrô à six cases en laque d'or, décoré en relief de laque d'or et d'argent d'une oie sauvage descendant vers la terre, se silhouettant devant le disque de la lune.

267. Inrô à deux cases en argent, décoré d'arabesques en relief.

Fin du xviiie siècle.

268. Inrô à cinq cases, décoré en relief d'écaille, de laque noir et d'or d'un personnage chinois et d'une femme.

Commencement du xixe siècle.

269. *Fuchi-Kashira* (anneau et bout de sabre), en shakudo à fond grenu décoré de motifs d'armoiries en émaux translucides.

Travail des Hirata. Fin du xviiie siècle.

Imprimerie CHAPONET (JEAN CUSSAC), 7, rue Blene, Paris (IXe).

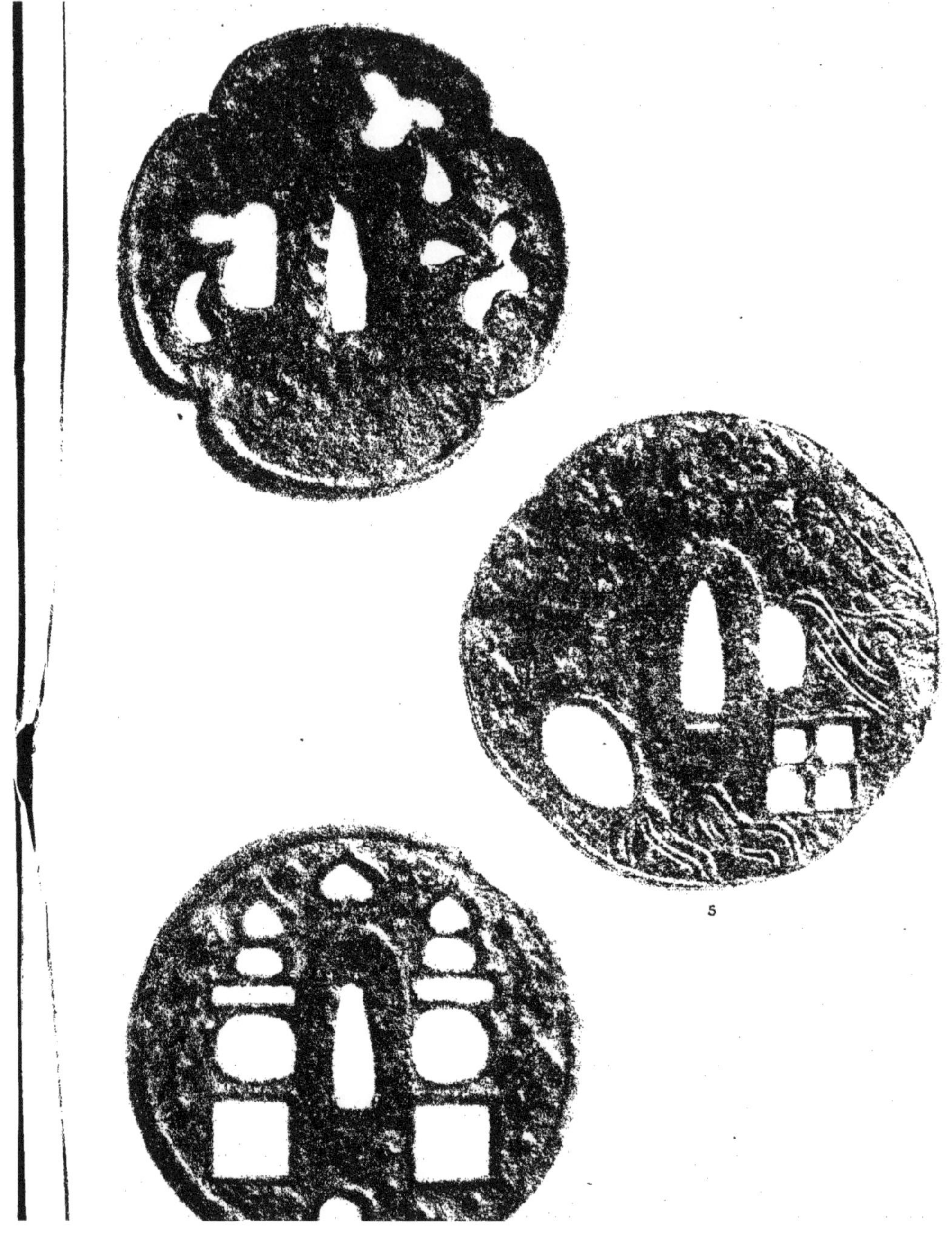

266. [illegible] a deux roses, décor en relief de [illegible] d'un per[sonnage] sauvage chinois et d'une [illegible] de [illegible] dans les [illegible]

[illegible]

267. [illegible] en argent doré [illegible] d'arabesques [illegible]

[illegible] XVIIe siècle

268. [illegible] à coupe[s] roses, décor en relief de [illegible] et d'or d'un personnage chinois et [illegible]

[illegible] XVIIIe siècle

269. [illegible] et [illegible] de [illegible] en [illegible] fond gris et décor de [illegible] d'arabesques [illegible] [illegible] incolore.

[illegible] XVIIe siècle

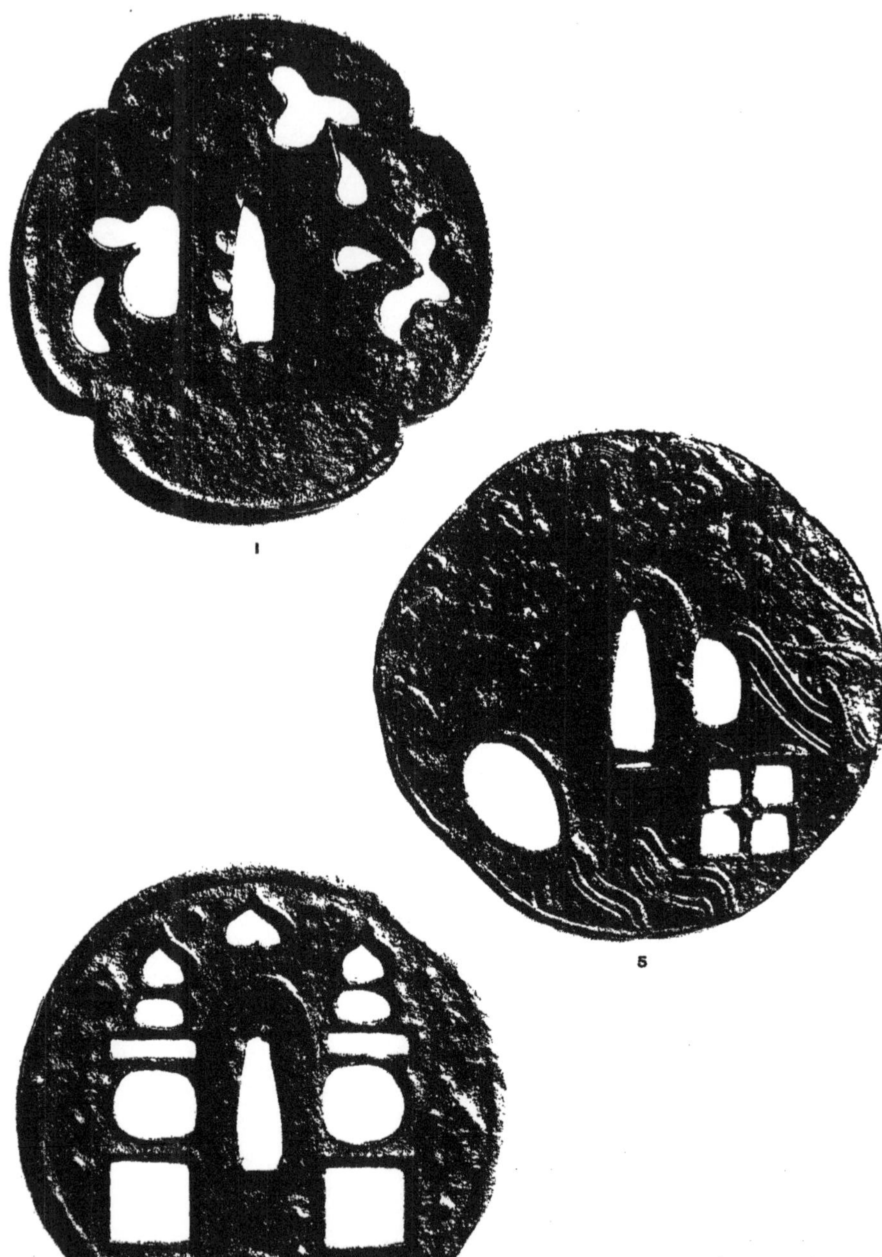

1

5

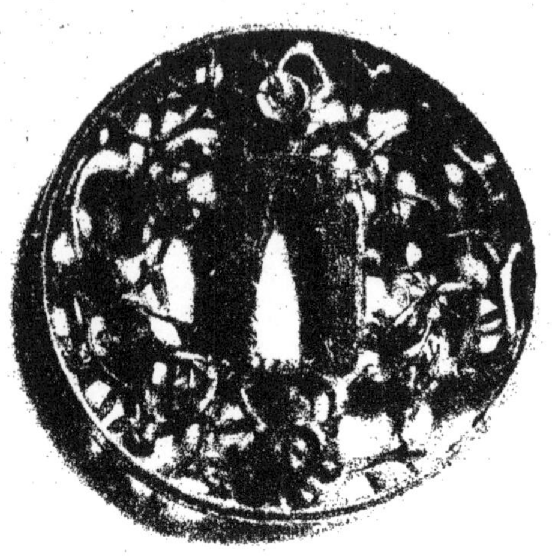

37

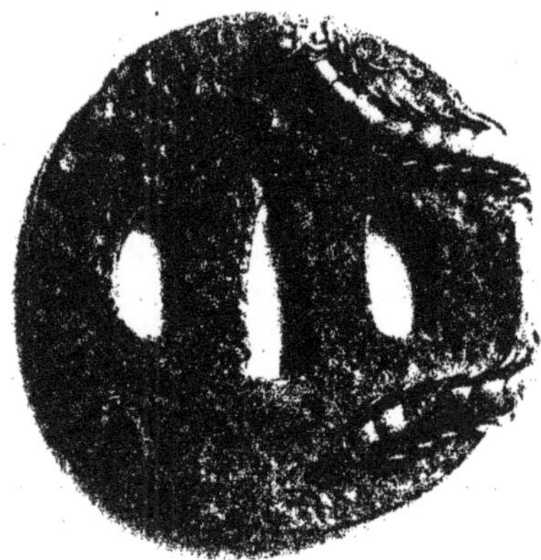

82

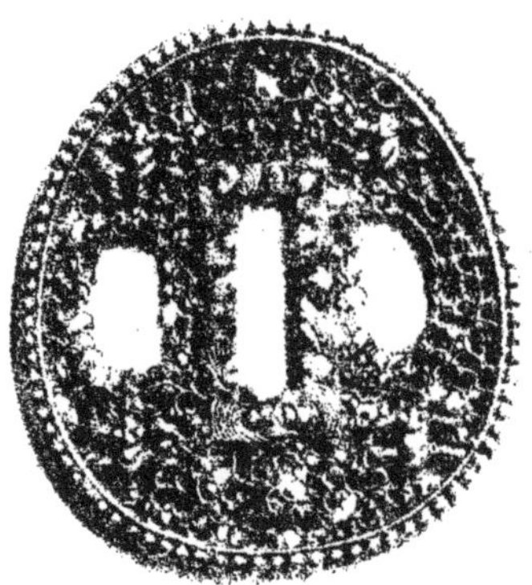

44

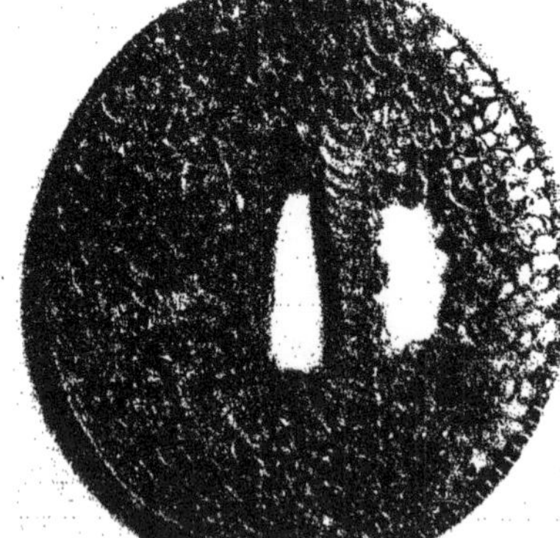

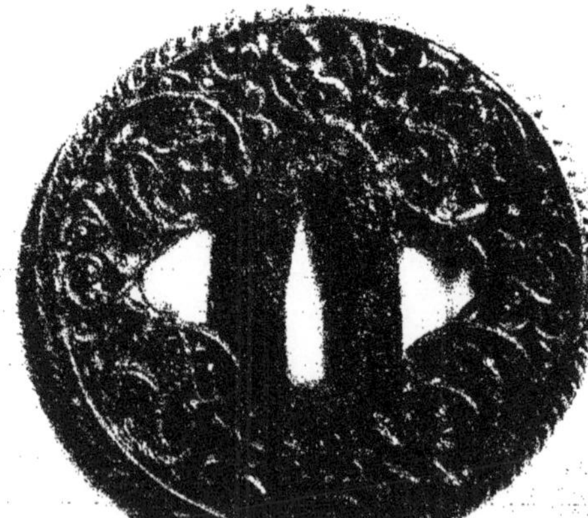

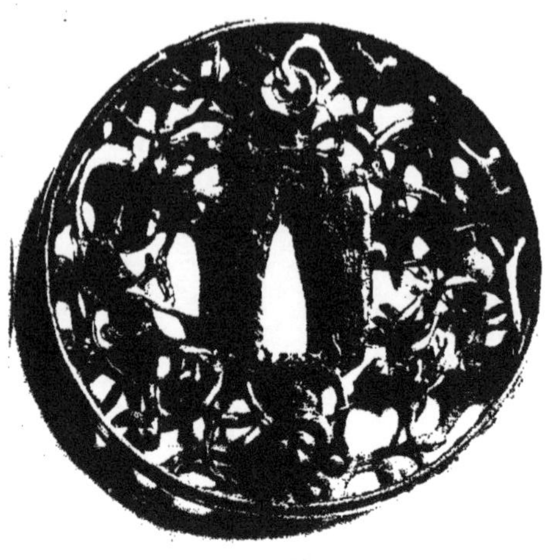

37

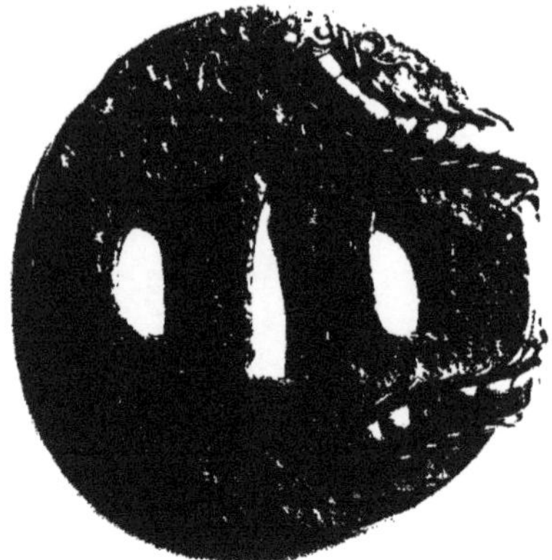

82

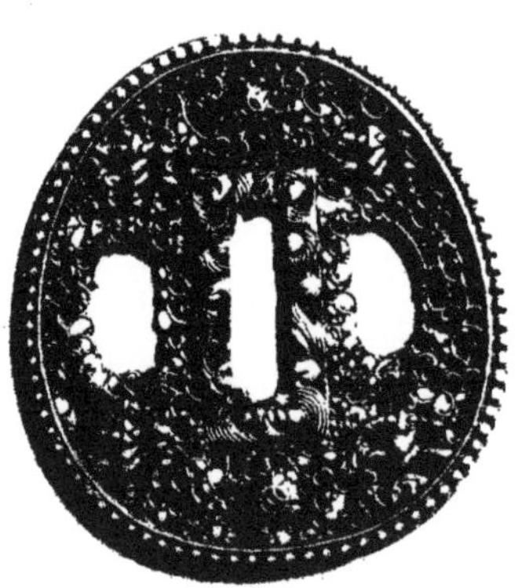

44

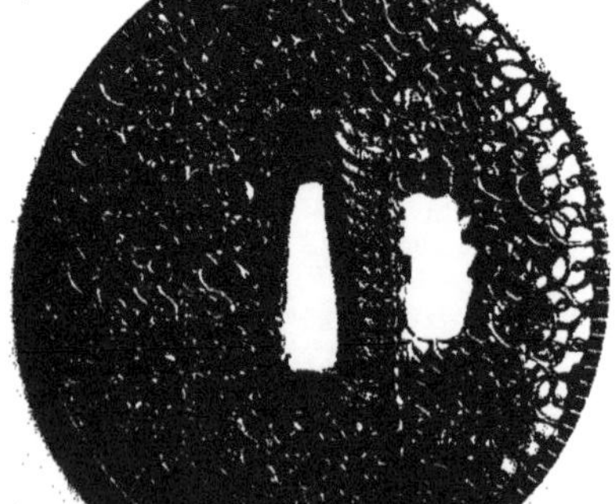

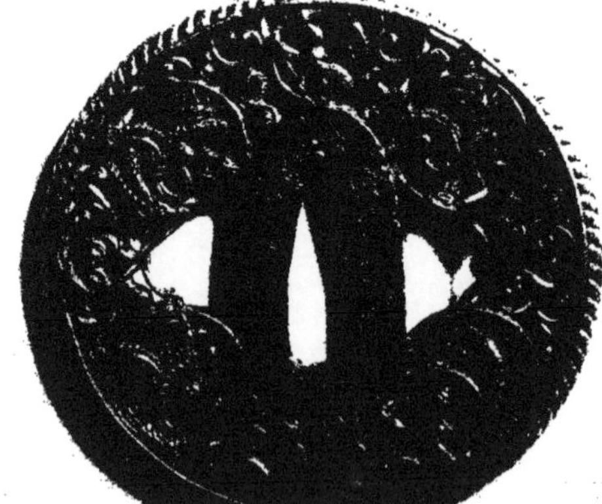

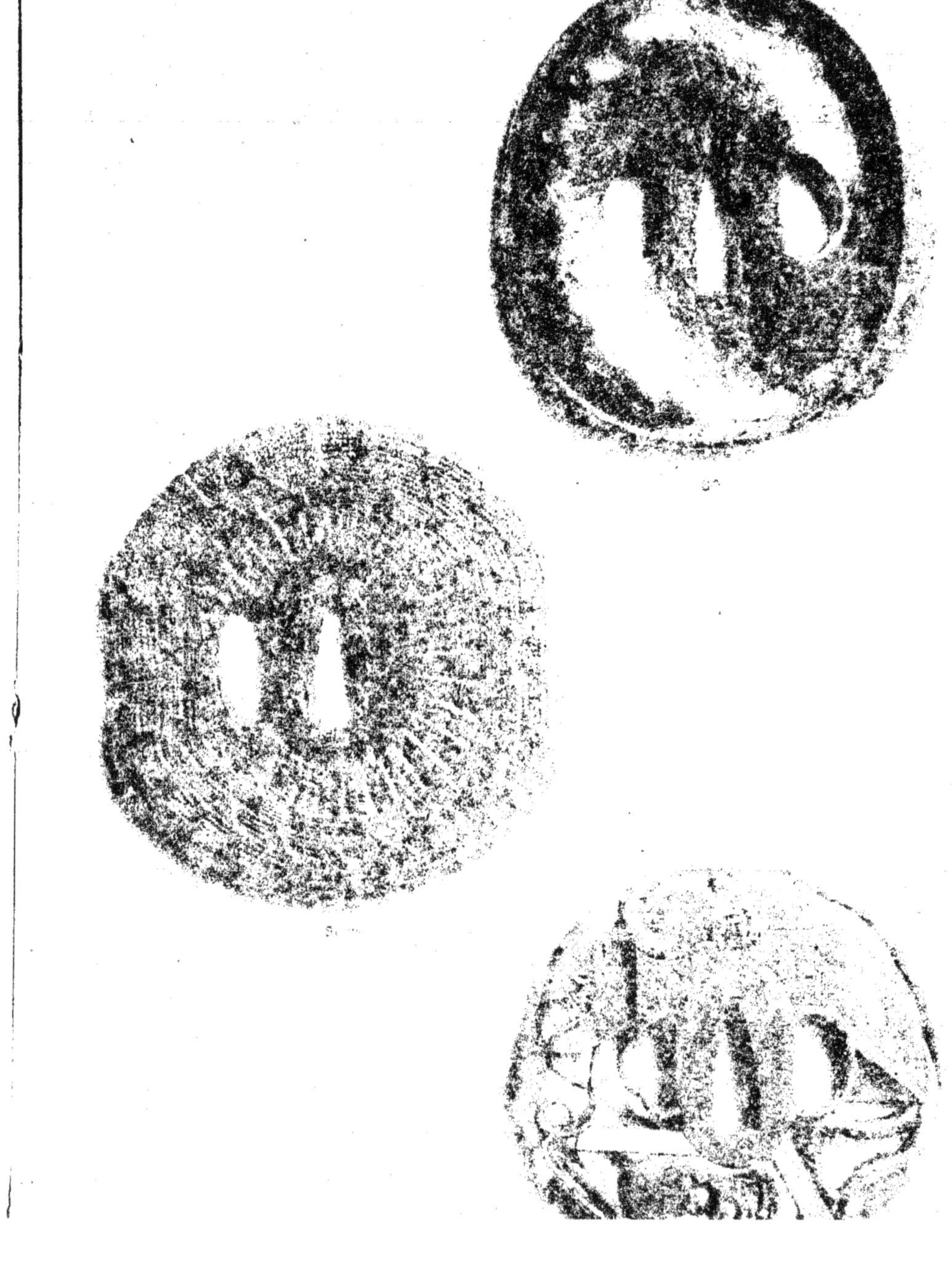

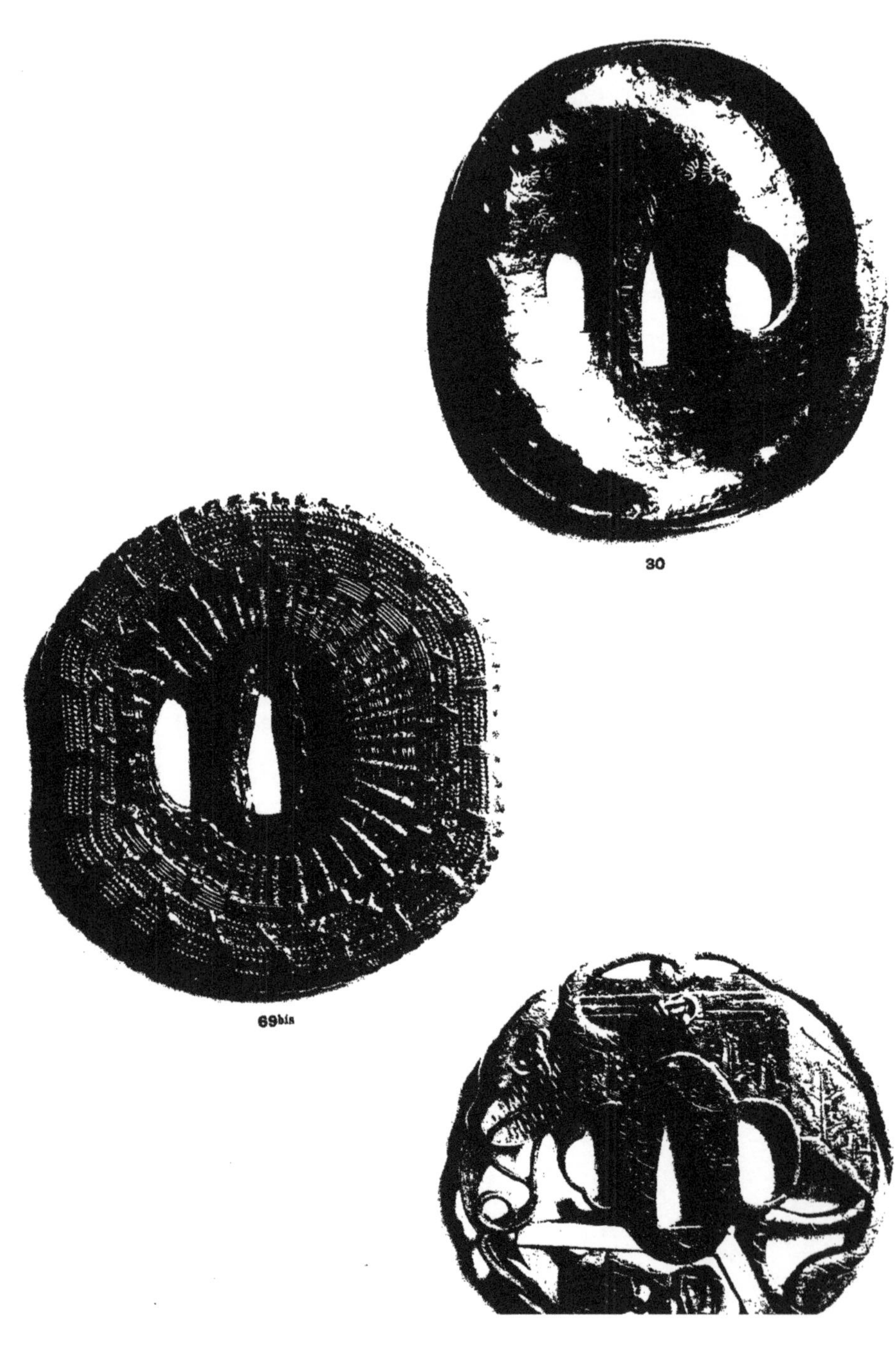

30

69bis

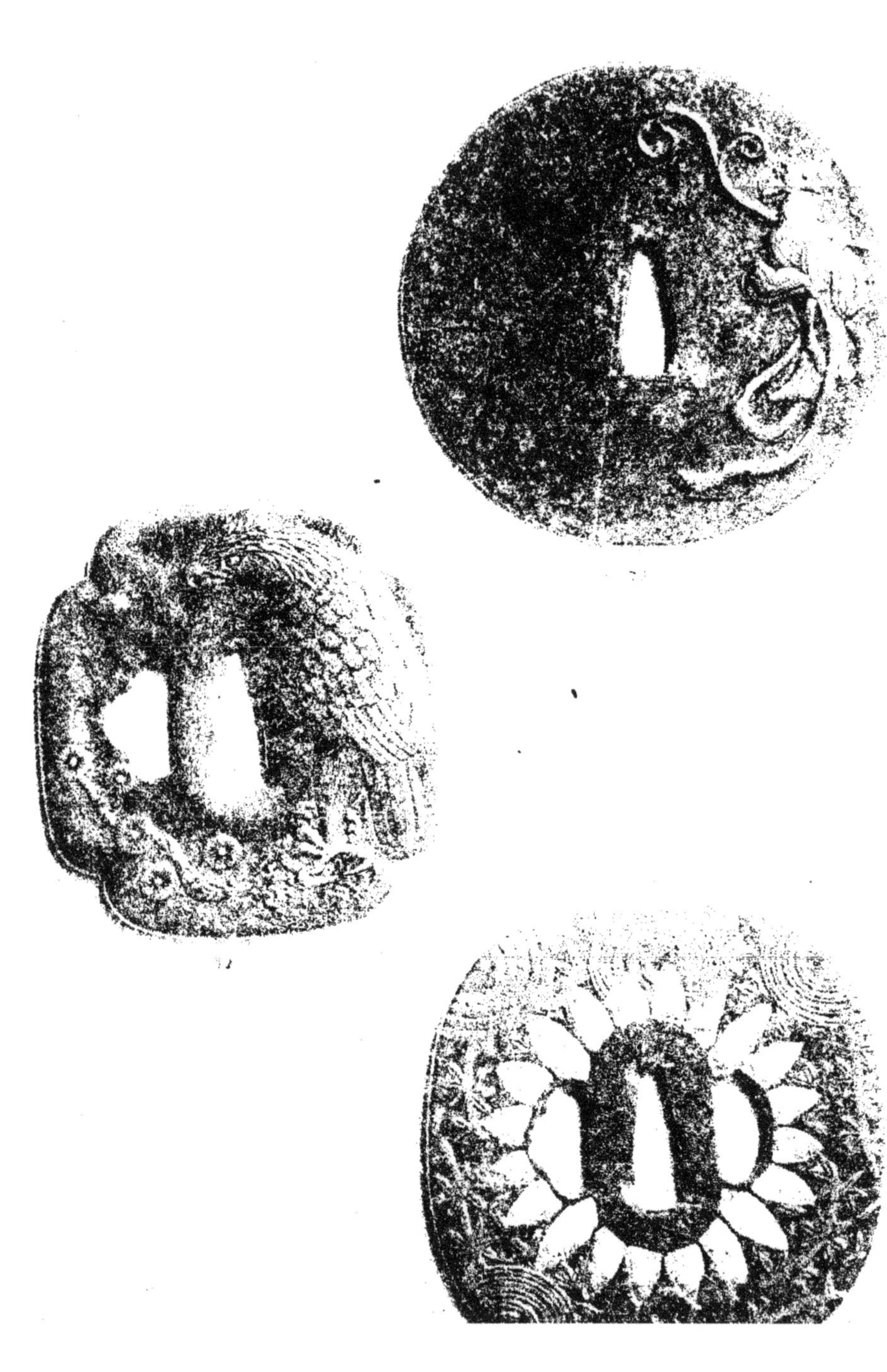

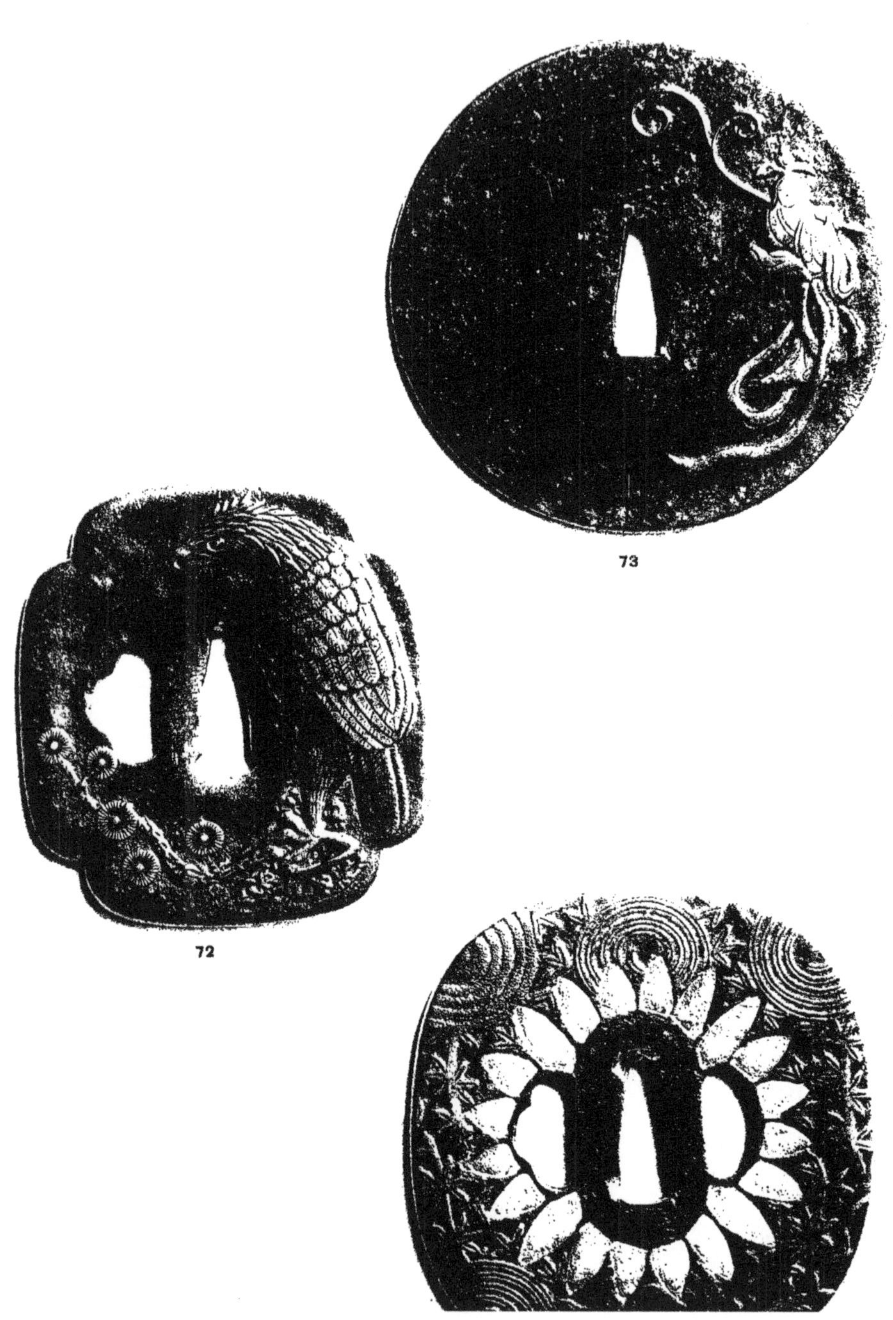

73

72

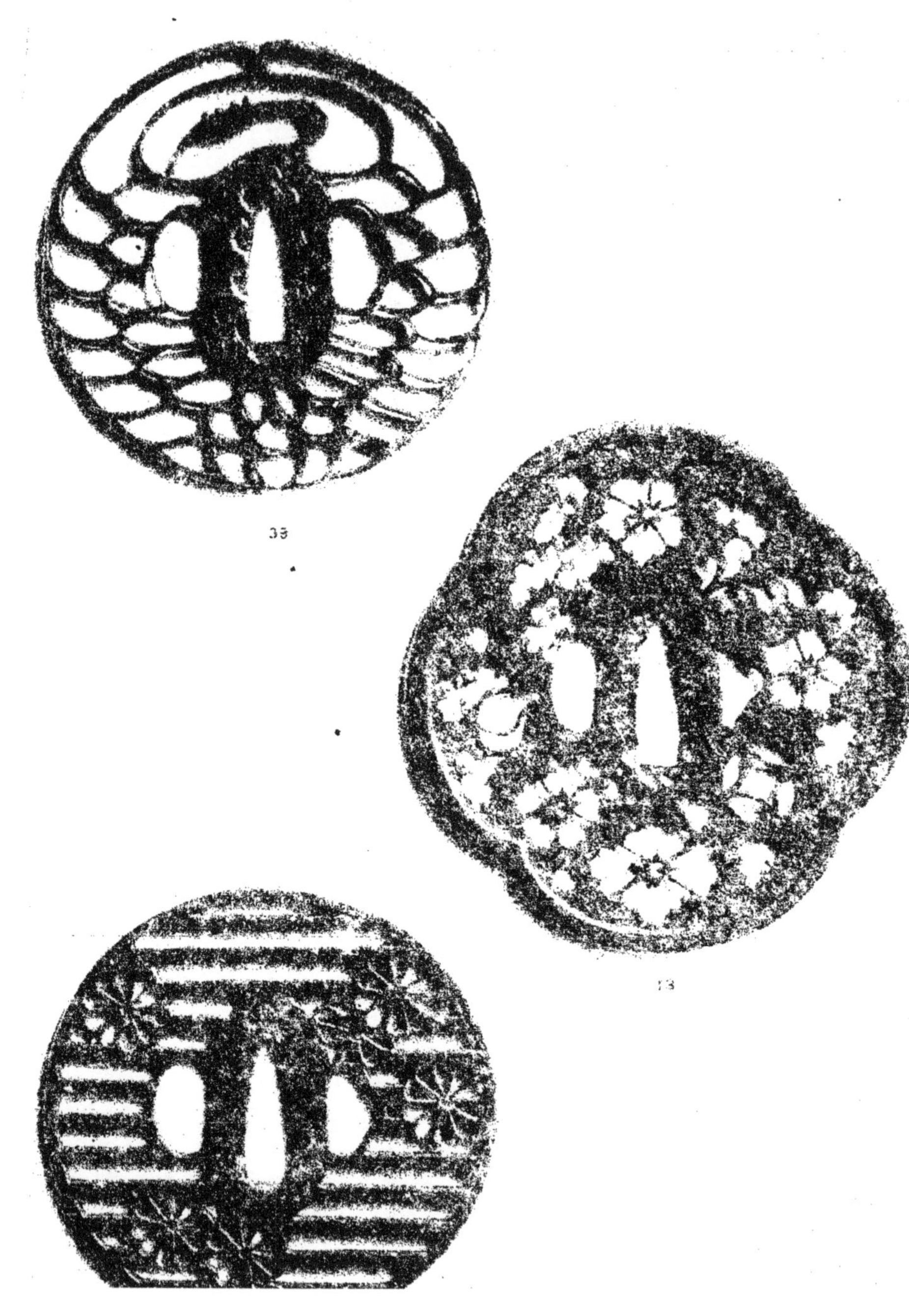

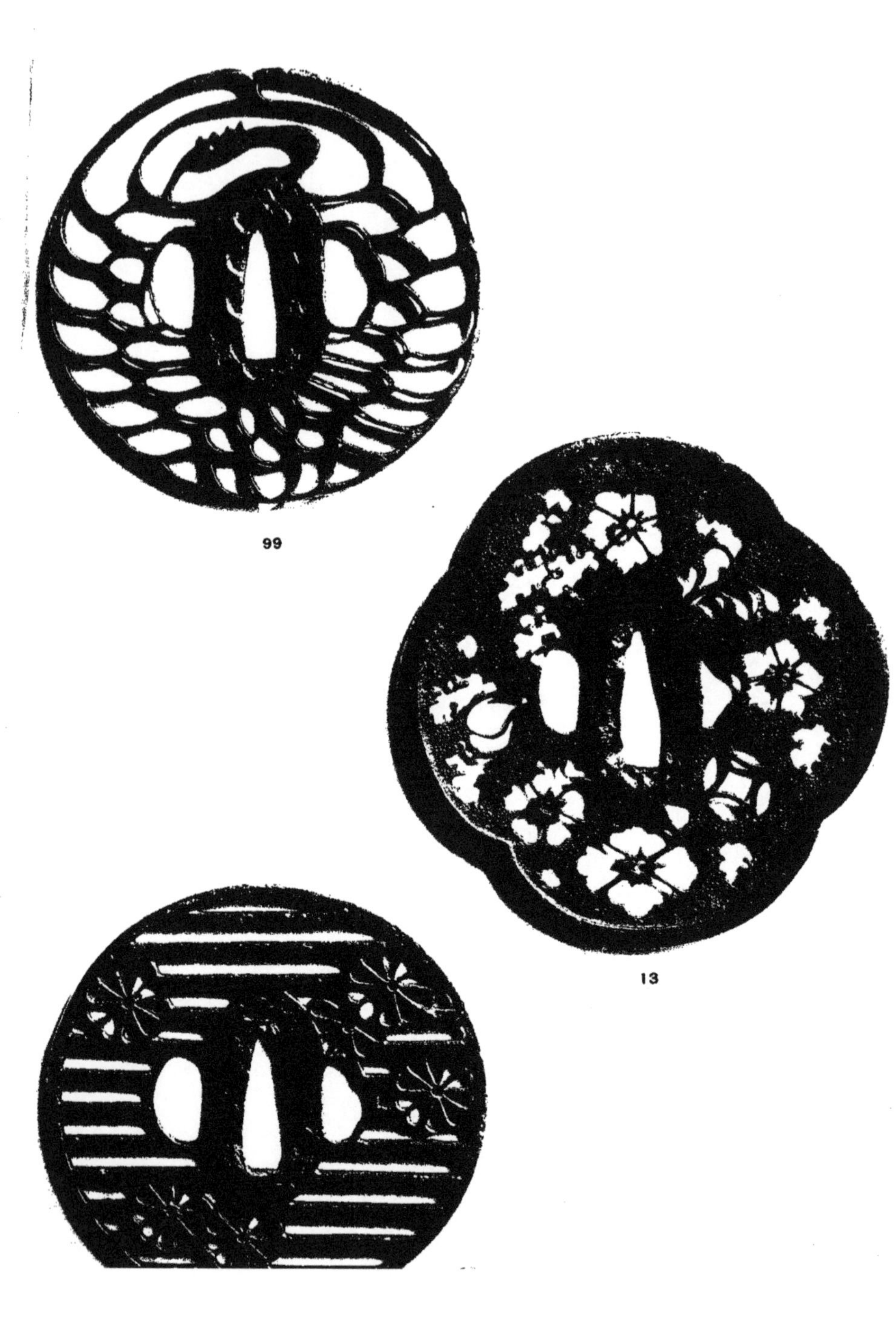
99
13

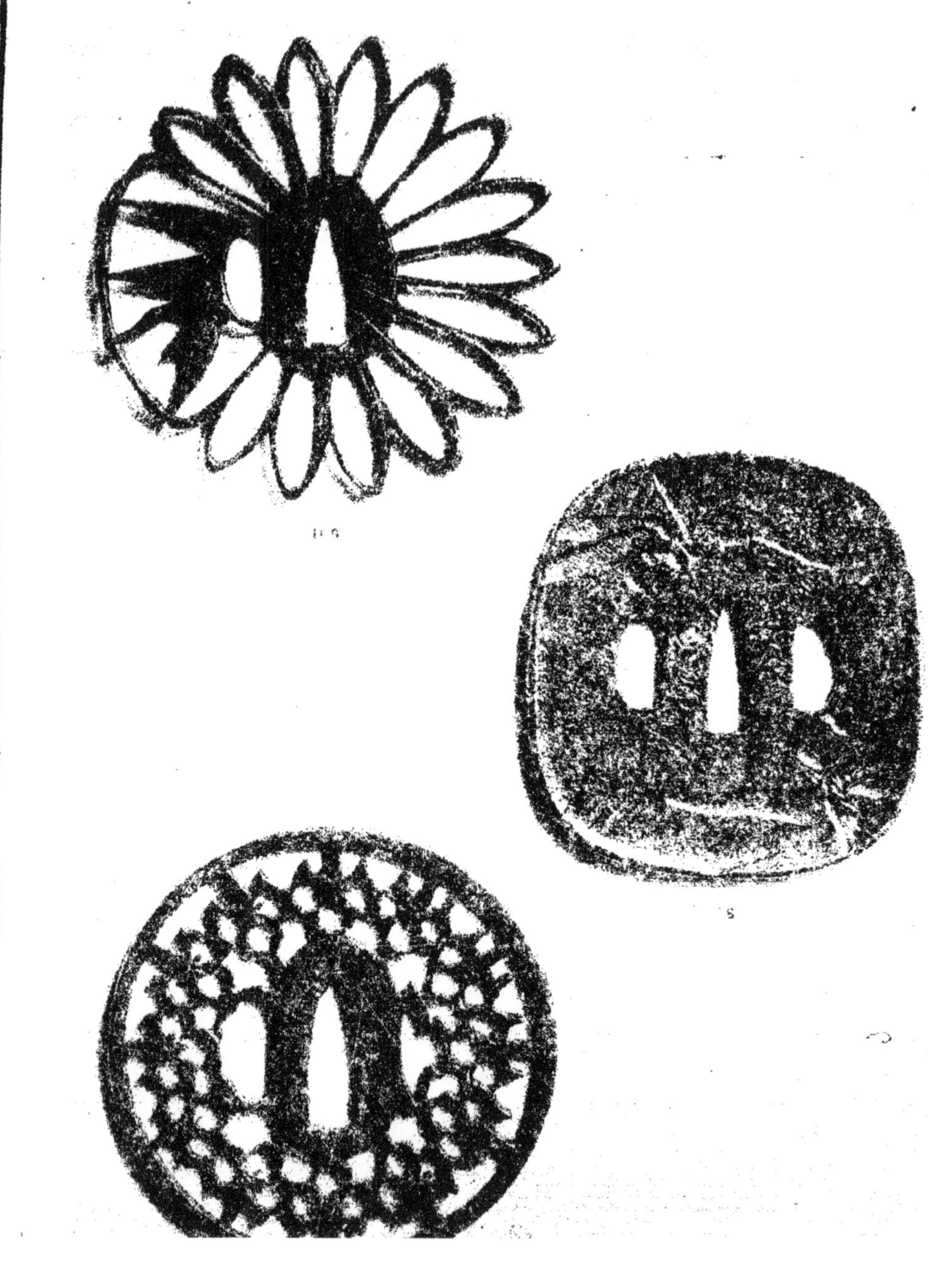

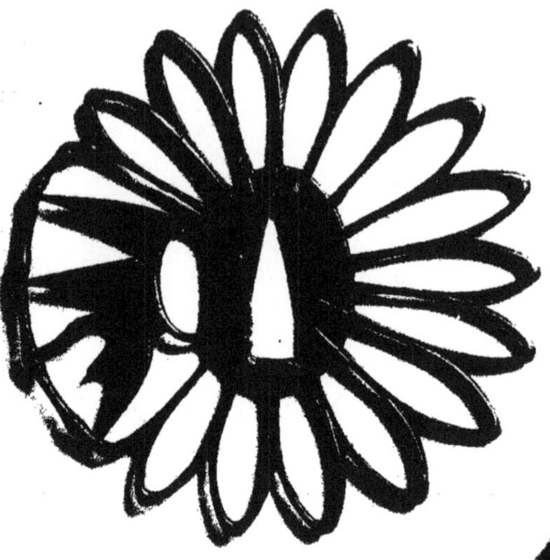

109

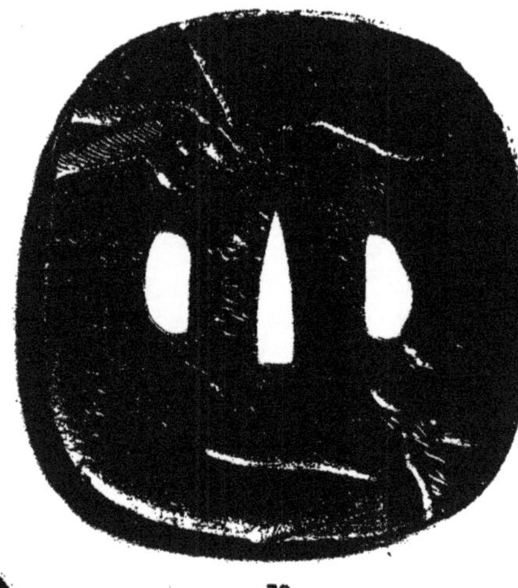

78

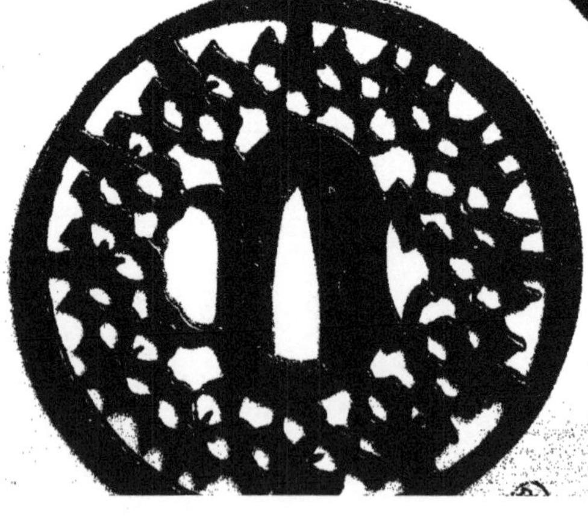

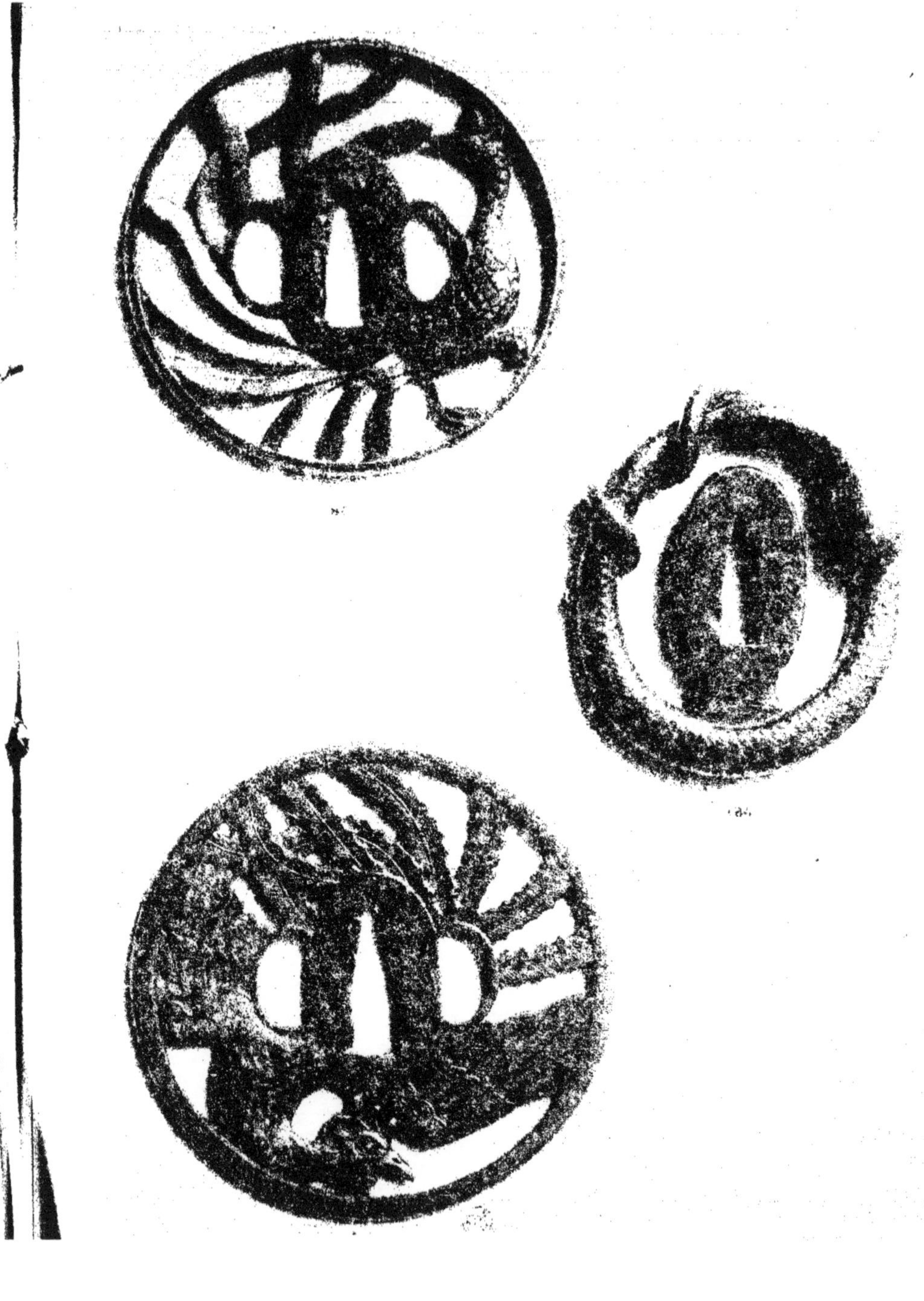

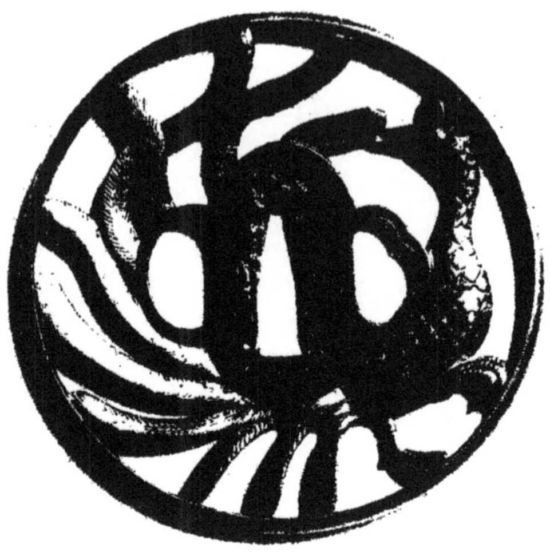

86

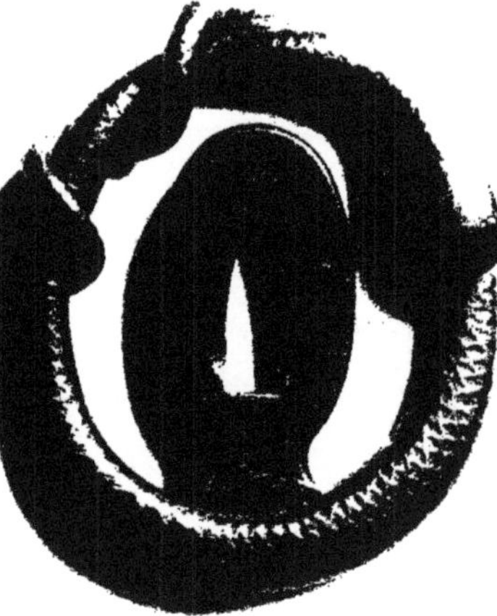

184

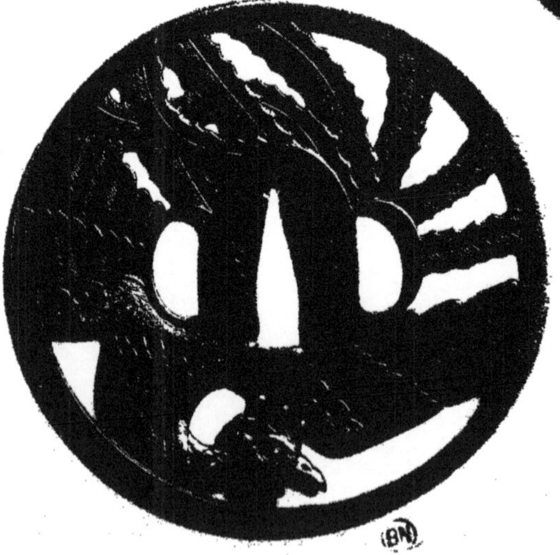